大展好書　好書大展
品嘗好書　冠群可期

大展好書　好書大展
品嘗好書　冠群可期

# 前言

印相學已流傳甚久，秦璽以趙氏的藍田玉為印材，李斯寫「受命於天，既壽永昌」的篆文，孫壽彫刻之。根據傳說這顆印是烏首雲腳，出神入化，變化多端。爾後東漢陳長文，明代吳世仁等，代代發揚，到了清代漸漸隱密不彰。後來由於日本姓名學筆畫數的流傳，再次促使印相學為人所研究、發揚。

印相的基本是姓名學的筆畫數，欲製作一顆完善的開運印章，必須具備八字命理、姓名學、卦理、擇日、靈氣等的知識，再配合精諳金石篆刻家的輔助，方可避免所製作的印章品位低俗，效果不彰。

印相學關係著一個人的命運，以往諸說紛雜的印相解釋，經由重新的整理、編排後完成本書，即使是初學者也可獲得印相學的正確知識，避免為術士的花言巧語所惑，進而獲得幸福。

# 目錄

## 第二章　印相吉凶解說

## 第三章　印章的知識

# 第一章　印相學的開運法

# 印相專家

在五術的命運學之中，印相學概括多種，其廣範圍地被加以使用。不過，經常可見，以錯誤的詮釋方法，來接受印相學的人。

本來，印相學是根據易學哲理的命運方術，所以，從事於這種行業的，僅只限於精通易學以及所有命運學的人。因為這是作為一流的相命家，所必須具備的知識及使命感。

最近，在許多自詡為印相專家的人們當中，經常可以看到基本架構都不知如何運用的人，他們對於印相學的真意，絲毫不解，只是賣弄些複雜怪奇的手法，以求多銷售一些印鑑。這種情形造成了「速成印相家」的猖獗。

除此之外，那些自稱「權威」的印相家。他們的浮詞游語，已經超過了粗陋的程度，而令人有啼笑皆非的感覺。

印相學並非超現實性的學術，也非一般人所說的迷信式學術，是一種更高次元的大自然學。而且，它有科學的根據，可視為人生的命運學。

如果認為根據印相學所作的印相，只是單純地用來蓋章的工具，那麼，就犯了很大的錯誤，提高對了解印相學的真意來善加利用，便可開拓對自己命運的認識，這是非常重要的。

## 命相學的多面觀

雖然統稱為命相學，但是亦分歧不定，各具其特色。

例如，周易、斷易、手相、人相、印相、家相、墓相、姓名、四柱推命、氣學……等。這無數的命相學，又可分類為命學、相學、卜學三種。

根據以上命學、相學、卜學的總合來預知占卜，就稱之為三面觀。不只是要尊重，而且必須徹底根據這種正統法來鑑定指導，方為命相家所應肩負的使命，以及引以為戒的法則。

**命學**——把主體性放在宿命的學術。

**相學**——把主體性放在環境的學術。

**卜學**——把主體性放在未來的學術。

如上將命相學分為三種類，可是，不論是那一種，鑑定命運時，都會關係到一個人的一生，所以，應該要網羅所有的命相學，從縱、橫、斜的各種角度來總合判斷，方為理想。如果只是記得一種方術，就想輕易地鑑定，那麼，這種作法實在是危險無比。

可是，由現今情勢來看，印相已成為單純的商業工具，而且被有心者所利用，這種情形只能說是「大眾的公害」。

## 印章和人類的命運

被德國的諾貝爾獎得主霍曼・赫瑟讚譽為「集東方智慧之大成」的印章，是以「易學」為基礎。

亦即，天地自然的現象和印章的關係，以及持有印章的人類之間的影響，會產生某種靈氣。這種靈氣對於人類會有所作用。

雖然印章只是一個小小的物體，但是，由於它雕刻著一個人的姓名，當這印章蓋在文件上的瞬間，就會產生法律上的效力。因此，在一份文件上，是否有蓋印，將會左右此人的命運。

但是，不管這個印章是蓋在那種重要的文件上，也絕對不可以忘記，在印章本身裡，已隱藏著對命運會產生作用的靈氣。這是因為要蓋章的行為和製作印章的形態，已成為表裡一體的原故。

## 印形的重要性

鑑定印相，根據看印形與印影二種方法。印形，是指整個印章的形態；印影，是指蓋章的行為，亦即蓋章印在紙面上的印泥痕跡。

由於印相學和人相、家相學一樣，是要觀「相」的一種命相學，所以，製作印章時，必須根據易學的哲理來製作，鑑定時亦須按照易學的哲理來鑑定。可是，不論是在製作印章或鑑定印章，都必須徹底具有印形和印影是表裡一體的想法。

就相學原理而言，應該把重點放在「印形」上。

人類之所以被稱為環境的動物，是因為具有非常多的順應性，以及容易習慣於環境的性情。換言之，人類的好壞，都可根據環境而定。

不僅限於環境和人類的關係，這件事也適用於印相與家相。

居住在具有兇相宅邸的人，如果遷移至具有吉相的宅邸，便會逐漸順應於這個宅邸的吉相而開運。同樣地，持有吉相印章的人，在不知不覺中就能順應這種吉相印所具有的旺氣，而獲得開運的實惠。

## 人類的順應性

在印相學上，非常重視人類的順應性，並以此作為重要的據點。

人類尤其容易順應於形態與色彩。例如，只要觀看離家出走的孩子的寢室，便可洞悉其一二。不論是地氈或窗簾，都呈現出一種缺乏穩定狀態的色彩。寢室中缺少沉著，每一個角落都隱伏著不安感，終於促使孩子離家出走，這種實例，可以說是屢見不鮮。這也可說是順應性所呈現出來的現象。

另外，女性穿著旗袍或洋裝時，其當天的行動也會被認為不一樣。為了順應所穿著的服飾，而被形態與色彩所支配，這也許就是人類的性情。

穿著適合於身份的服裝，攜帶適合身份的物品時，和穿著不適合身份的服裝，攜帶不適合身份的物品時，在其心態上迥然不同。

並非每一個人都能隨心所欲地擁有任何形態的印章，就像是一個人的服裝是否調和，會對這個人的心理有所影響般，印章對於一個人的心靈深處，也會產生某種作用。

雖然，服裝和印章無法相提並論，但是，所有具有型態的事物，一定會產生適合於這種事物型態的作用。而且印章隨時都會存在於我們的身邊，刻出來的印章，也許會永久性的被使用。這種印相的吉凶，各自都有順應之氣，而為我們帶來吉凶禍福的命運，所以，對這麼一個小小的印章，絕對不能等閒視之。

因此，在蓋章的行為之前，這個人所擁有的印章是具有何種印相，將成為極其重要的問題。

## 印相學的基本性想法

「易學」為印相學之基礎。不僅是印相，舉凡一切的命運學，都是從易學繁衍而來。

易學本來就是和人類歷史所同時產生出來的想法，以及所完成的學理，所以，想要完全嫻熟易學，可以說是困難重重。

可是易學也是一種學問式的理論，是自古以來，累積了生活智慧的不變真理。所以，只要明確地把握其基本，並正確地加以應用，就不至於如此困難了。

作為易學基本性的想法，有如下幾種。

☆任何人都會因命運的循環，而有「吉」的時候。

☆命運不管是多麼好的人，也會由於循環而有「凶」的時候。

如果從以上基本性想法符合印章的實相來看，就可指摘出如下的事。

◎命運好的人，如果攜帶好印相的印章，並且活用好運的循環，就能獲得最多的開運。

◎命運不好的人，持有好印相的印章，並能活用好運的循環，就不會發生不利的災害，可維持順遂幸福的生活。

◎命運好的人，如果持有壞印相的印章，同時又無視惡運的循環，就會招致災禍的發生，發展亦會受到阻礙。

◎命運壞的人，持有壞印相的印章，同時又無視於惡運的循環，那麼，災害不但會接踵而至，而且會陷於孤立無援的狀態中。

只要熟記右項事例，便可了解印相的重要性。

不管運氣多麼強的人，如果無視命運的循環，不出三年，其運氣就會衰頽，同時，這種衰氣現象會持續不斷，而陸續遭遇病痛之苦，失財之痛以及家人離散的不幸。這種天地自然的現象，是人類力量所無法左右的。

## 印相與姓名學的關係

有人認為印相是姓名學的延伸，事實上也是如此，然而不可只懂姓名學的三才吉凶而治印。

印章確實是雕刻姓名的物體，有些人總認為，就姓名學而言，字數筆畫即使是凶，也可以按照篆刻的增減，來改為吉名，這種單純的想法是不錯，不過，這只是一個基本，尚須配合很多種的學理方可完美開運。

在印章中，包含有印材、印形、印面以及印文——亦即與姓名的書體、配置有關的一切。

總合這些條件，自然就會形成印相上的吉凶。將這總合的條件加以研究，就是所謂的印相學，而這種印相對於印章持有者的運氣，會帶來影響，是不可否認的事實。

如果就印相和印章的所有者運氣的關係來說明，可以說是某種運氣的所有者，擁有符合於這種運氣的印章，或者因為擁有某種印相的印章，一個人本來的運氣，就會變化成符合於這種印相的傾向。

若以前面所舉的服裝例子來說，性格奢華的人，就會穿著華麗的服裝，穿著華麗的服裝，在不知不覺中，就會變成奢華的性格。

如果把印章認為只是使用印材所雕刻的話，可以說這只不過是單純的一種小物體，可是，雕刻在印章上的，是這個人的姓名。

姓名是每一個人都具有的。一般人都認為姓名是一種識別每一個人的符號。假定應該說：「那個人是傻瓜」時，卻以那個人的姓名來表現，那麼，必定成為導火線，而引起爭吵。

姓名並非是單純地去識別某個人的符號，在日常生活中，雖然是無意識的，但是，卻能很清楚地將姓名視作自己的人格。

而雕刻這種姓名的物體，已非單純的物體，相信從以上的例子中，大家也可領悟得到。

可是，所謂的姓名學，依然是具備了作為姓名學的一種命運方術，因此，過於和印相學混同，是一件不太理想的事。

換言之，印章可說是人格真正的象徵。

亦即，一個人的「氣」投影在印章裡面，單從外表來看，並不能了解其真相。刻上了一個人姓名的印章，和他的「相」，具有極密切的關連，而在這裡產生了一種運氣。

將這種運氣作一判斷，即為陰陽五行哲學，亦即所謂的易學哲理。而易學的奧秘哲理，就是說明陰和陽的調和。

以人類而言，是男和女；以一天而言，是晝和夜、明和暗；以力量而言，是強和弱，將如此相反的二個面，調和而成了這個世界。所以，當這種調和崩潰時，就會引起波瀾與災厄。

一個人與他所有物的關係也是一樣。陰和陽的相互調和，可以使一個人變得很優美，但是，也可以使一個人變得很醜陋；可化為吉運，也可化為凶運。

所以，認為印章不可能會左右人類命運的單純想法，是發自將命運作合理式解釋的謬見。

## 何謂陰陽、五行、三才

為了要正確地學習印相學，必須先領悟一些基本性的要素。不僅限於印相學，舉凡所有的命運學，都是由易經思想的根基——陰陽觀、五行觀、三才觀所構成。

簡單的說明，就是——

・**陰陽觀**——以陰陽為基礎，對事物的看法。
・**五行觀**——以五行為基礎，對事物的看法。
・**三才觀**——以三才為基礎，對事物的看法。

製作印章的方法，以及鑑定法，當然是立足於前述的陰陽觀、五行觀、三才觀等「三觀」上。

關於陰陽觀，將在「印相和易理」中，詳加敘述，在此只就五行觀與三才觀來加以說明。

## 五行並非五種要素

五行（金、木、水、火、土），絕非構成天地的「五種要素」。而是古代聖賢結合天地自然的運行，與萬物生成化育的順序之絕妙產物。

太陽是以一定的時間週期，來循環一定的軌道。在這段時間，我們所居住的地球，會以一定的期間為限，跟隨太陽，或離開。而棲息在地球上的所有人類，在精神上、肉體上，或多或少會受到這種影響，也可以說是理所當然的事。

所謂「行」，是「進行」、「作用」之意。而象徵自然界的五種「行動」，就是「五行」。

如前所述，所謂五行，是自然界中金、木、水、火、土的五種作用。

這五種作用中，物體萌芽成長、活躍的作用狀態，作為「木性現象」，它以木為朝，為春，生氣蓬勃的希望之色藍色，配置在東西南北中的東方。

接著，在天地自然界中，光、熱的作用狀態，作為「火性現象」，它以火為白晝，為夏，顏色以紅色來表現，配置在太陽通過的子午線的南方。

大地的作用狀態，稱為「土性現象」。這是讓生物萌芽、培養、發育，然後發火，同時熄火來藏金、水，由於這是總合性的作用，位置配置在中央，以黃色來表現。

礦物是金屬、硬物、冷物、重物，及收斂、凝固的象徵，稱為「金性現象」。它以金為黃昏，為秋。用白色表現，配置在西方。

雨、露、雪、冰、河川、潮、海，不言而知，是液體狀態的事物，稱為「水性現象」。而以冷為一日推移的夜，在四季的轉移中，冬用黑色來表現，配置在北方。

## 五行的性格

五行所具備的各種性格，如果以人類的精神狀態來表現，「木性」，是陽氣快活；「火性」，是熱情果敢；「土性」，是圓滿溫順且同化力超強；「金性」，是剛氣、冷澈；「水性」，是奔放如急流以及沉靜如湖沼之性格的人。

若根據藏器來表現，由於肝臟機能是主宰著成長，所以，以肝臟為「木性」；

心臟是保持體溫，給予各機能活力而不停止，故以心臟為「火性」，來表示主宰全身陰陽作用的狀態。

把食物變換為能量的脾臟，作為「土性」；呼吸體外的冷氣機能的肺臟，是為「金性」；主宰淋巴腺和泌尿器機能的腎臟，為「水性」。

再根據金、木、水、火、土的五行，各自互相接觸，助長相互機能的作用，稱為相生。相反地，各自相棄，產生變化的作用，稱為相剋。同性、同類的五行被相和，而產生相生關係，叫做相旺。

相生，亦即具有與親和性的五行互相作用的吉祥運，吉能呼喚吉，重複地產生幸福，而愈來愈見繁榮。

相剋，就是互相傷害的五行互相作用，隨時都在重複爭鬥，雖然有釀成凶禍之嫌，但是，在另一方面，由於相斥，有時也會有好的變化。

例如，水勢旺盛，就能熄火，強旺時，便可發揮使水沸騰的強大力量。所以，將相剋斷定為凶運，是錯誤的行為。

**五行相生**即：金生水、水生木、木生火、火生土、土生金。

**五行相剋**即：金剋木、木剋土、土剋水、水剋火、火剋金。

## 五行和印材的相性

如前所述，成為印相學的基礎為陰陽觀、五行觀、三才觀，必須要把這種五行配合使用者的相性的組合來決定。再根據使用者出生年的「九星」而決定。

但是，左右一個人命運的「星」，有生年之星、生月之星、生日之星、生時之星，命運即是由這些互相關係所形成，而非輕率地只以生年之星來決定，這點必須要銘記在心。

## 三才觀（天、人、地）

三才觀所說的「天」，是父，「地」是母，在天地之間，就存在有兒女的「人」。如果以此來比喻人體，就是上半身、腹部、下半身成立三才，是處於不可切離的關係。

這種想法，是認為存在於宇宙間的有機物（眼睛所能看到的物質）、無機物（

眼睛所看不到的物質），以及所有的東西，都是根據這種形式而存在。在插花、茶道、書法中，也存有這種「三才」。

製作印章或擁有印章時，也認為要配合所謂的三才觀的天、人、地，方為正確。如果以具備有印鑑、銀行用印、普遍印等三個，就解釋為正確的具備三才。那麼，對於三才的解說實乃空洞欺人之言！

## 把一年分為八季

在命運學上，把自然界分為八季。

在春、夏、秋、冬四季的各自界限，配置「土用」，根據這種配置，一年就被分為八季。土用在四季的界限處，各自有十八天。

土用擔任四季的調節與變化的機能。如果把這種作用，符合人類來說明的話，春季的土用是對於夏季，夏季的土用是對於秋季，秋季的土用是對於冬季，冬季的土用是對於春季要具備抵抗力的時期——可以用這種方法加以記憶。

但是，沒有抵抗力的人，會變成如何呢？

所謂的自然，是沒有差別，而且會毫不容情的作用，所以，在這種時期，一個人的抵抗力如果減低，年輕人，就會罹患重病而氣衰弱，老年人，甚至會死亡，這也是情非得已的現象。

古人常說：「土用時季的死亡率很多。」而十分的畏懼，這也許是因為親身體驗過，所以感覺到自然界是分為八季。

如此，自然界的大氣是為八種類，人類只須過適應於它的生活即可。

換句話說，印相學把這八季，定為「八方位」，尤其是在鑑定印面時，更是一不可或缺的重要根據。有關「八方位」，後文再詳細陳述。

# 第二章　印相吉凶解說

# 吉相的條件

每個印章都有其「印相」，由於印相關係著運勢，所以，印章的吉凶，是不容忽視的問題。

討論印章的吉凶時，必須根據命運學的大宗，易學的陰陽哲理來判斷。但是，具體性可決定印章吉凶的是，一為印材，二為印章的形態，三是印章的印文，必須舉出以上三個條件，來看看是否按照命運學的哲理。如果要再付加一項的話，就是使用印章時的心理態度以及保存的心態。

將這些條件都正確的融合，才會產生一個吉印的條件來。

認為使用最上質的印材所雕刻出來的印章就是吉印的想法，就好像只要是用金殼所作的手錶，就認為是最好的手錶般。當然，金殼的手錶看來是很高級、大方，可是，不僅是外表要美觀，內部的每個齒輪，以及構成這個手錶的所有部分，也都不容忽視，如果把這些要素放在一起來思考，就能了解。因此，單純的以印材來斷定印章的吉凶，顯然犯了很大的錯誤。

至於印章的形態、印文吉凶等，也可說是相同。
下面將說明印相的吉凶各個條件。

## 印材的種類與吉凶

### 〈吉印材〉

代表吉慶的印材，一般可分為「上玉」、「象牙之血牙」、「水牛角」、黃楊等四種。

印章為一個人的象徵，所以，選擇印材時，必須選擇實用的印材，使用時能夠耐磨耗，同時，可使篆刻者較易發揮筆法、刀法，而雕刻出十分卓越的印文。

而且這種印材必須要具有風格與雅趣。印章雖然不是美術品，但是，唯有具有與美術品相同的優美與韻味，方為吉相。

其次，在命運學上最重要的要素，就是這種印材必須要有「生氣」。

所謂生氣，是一種欣欣向榮之氣，在印相學上，被稱為「旺氣」。例如，用火去加工的金屬製印材，已失去了其自然性，以及本來所具有的「氣」。換言之，已化成死物，所以，不論其外觀多麼美麗，也只不過是已喪失了「生氣」的材料。

根據印材，還可分為把同一種印材加以連結，以及和其它印材結合所刻造出來的，用這種印材時，必須要了解結合所製造出來的物體裡面，隱藏有必定會分離的運氣。這具有分離、離反、別離、挫折等含意。

有關這點，將陳述於後面的凶印材中。

不管如何結合所作出來的印材，即使是被認為是吉材的上玉或象牙或水牛角，都絕對不可使用。

將上述各種條件加以整理，就會成為——

(1)印材要選擇實用性，且耐久度愈高愈好。
(2)適合於雕刻印章的材料。
(3)必須具備風格與雅趣。
(4)要具備生氣。
(5)不能使用二種以上的印材來組合。

那麼，在印相學上，是把那種印材作為吉印材呢？可以舉出如下四種：上玉、象牙之血牙、水牛角、黃楊。

## •上　玉

上玉材料難求，普通之玉不為印相所考慮。

## •象牙之極品血牙

雖然，一般認為象牙是十分高級的材質，是一種廣受大眾所喜愛的印材。諸如各種重要的印章，無不使用象牙為印材。

這並非單純地因為象牙比其它任何印材看起來都要高級，而是如前所述，象牙不管是在色彩、材質以及作為物品的價值等總合性的價值上，都具有可作為保護我們生活的重要印章之材料。

一般人所說的象牙色，並非純白，也非發黃，而是具有獨特的穩定色彩，能給予我們平安的感覺。又由象牙適當的硬度，所產生出來的重量感，不會過重，也不會過輕，能確實給人一種舒適的感覺。

以象牙作為印材而被開始使用，一般認為是在周朝（西元前一〇六六年或前一一二二年），但也有人認為是在秦朝（西元前二二一年至前二〇六年），因此，以象牙為印材的歷史，可說是非常悠久。作為印材的象牙，大致具有如下的特徵。

(1)具備有作為印章的價值感，以及品格與風格。
(2)材質具有適合於篆刻的適當硬度，以及光潤度。
(3)不會歪曲、乾燥裂開，或受蟲害。
(4)由於硬度適宜，在使用時，不容易磨耗，印面不會發生變化。
(5)使用期間愈久，愈能與朱泥調和，而不會失去它的美觀。

其優點大致如上。可是，象牙根據品質，而有等級的差別，要判斷印材是否良好，必須注意以下幾點。

(1)純白、發暗、無光澤的象牙，以及發黃的象牙，都不適宜。
(2)紋路較粗糙的象牙，外國部分缺乏象牙獨特的硬度，以及光澤感，作為印材被認為是劣質品。

**●水牛角**

水牛角亦為好印材，不過，以印相的角度而言，次於象牙之靈美。

水牛角具有耐久力、硬度，以及黏度，較適合於篆刻，但是，由於乾燥時會裂開，所以，必須適度的抹油，來保持其光潤。如果能如此正確地加以保養，必定可以長期的使用。

水牛角有空洞，在這空洞的周圍部分，有時特別容易產生裂痕與歪曲。良質的水牛角，是相當於角的前端部分。印相的印章大都採用這良質的部分。

## ●黃　楊

與象牙，水牛角相同，黃楊亦受到大眾的喜愛，被拿來作為印材。以黃楊作為印材來使用，並非始於今天，早在明朝（一三六八～一六六二年）時，就已被採用了。

作為植物系的印材，不但纖維緻密，而且也有硬度與黏度，非常適合於篆刻，觸摸感也良好，富有耐久力，可說是一種很適宜的印材。

從印相學來看，黃楊印材雖然也是一種吉相之材，可是，耐久度比起象牙與水牛材，就顯得較為粗劣，此即其缺點。同時，如果磨耗過度時，就會有再度刻印的必要了。

黃楊比象牙與水牛角價廉很多，可是，絕非低級或缺乏品味。雖然，印泥容易沾在刻痕上而使字畫缺陋，但是，只要在蓋章時，或平常處理上慎重些，自然可彌補此缺失。

## 〈凶印材〉

### ●水晶的印材

水晶可分為紫水晶、黃水晶、黑水晶、紅水晶等各種類，但是，作為印材來使用的卻是無色、透明，類似玻璃的水晶。

自古以來，水晶就是一項裝飾品或擺飾，而被用來當作細工物品的材料，但一般認為，並不適合作為印材來使用。

因為，水晶其硬質物體，一般的雕刻刀不容易雕刻，再加上過硬，反而容易發生脆裂、缺損等情事。

最近，水晶印章都是使用機械來雕刻，所以刻出來的文字，大都缺乏韻味和雅趣，同時，也具有缺少文字之美的缺點。

由於古時的雕刻業者，努力地在推廣水晶印章，所以，也風行了一段時期。可是，水晶印章不僅不容易雕刻，從印相學來看，也是一種凶相印材。

主要原因是因為水晶具有一種令人彷彿在撫摸冰塊的感觸。而這種冰冷不吉的感觸，象徵著病痛、破產、詐欺、貧乏、失墜、不安與孤獨等不祥的意味。

從實際上的統計來看，如果是水晶印，而且是方形印，同時印文也欠佳時，這種水晶印所能招致的凶災，也將很明顯地呈現出來。

人際關係上會產生各種缺陷，只要持有這種水晶印章，這個人就會遭遇孤立性的衰運。

從相學的原理來說，水晶印章內藏的凶相之氣，會影響到持有者的體質，而遭遇到病痛、不健康，甚至會面臨破產、倒閉、悲憤、憂鬱等災難。

過去家庭運即使良好的人，只要持有了水晶印之後，家庭容易變成混亂失和以及爭吵不休的傾向。

女性具有水晶印時，雖然自以為比別人堅強，但是，也極容易受無聊男性的誘惑，或遭遇到騙婚的情事，就算是結了婚，也會與配偶生離死別，而容易遭致最為不幸的寡運。

### ●金、銀、白金的印材

古時雖然也有以黃金作為印材的例子，但是，大都為王侯貴族等身份尊貴，或者握有實權的人所擁有。

但是，在現今社會上，選用金、銀、白金等材質來雕刻印章，在其含意上迥然不同。

除了具有精神上的含意外，黃金還是貨幣、財產、財力等的指針。因此，攜帶黃金印章者的心態，不容否認是想炫耀自我的身份地位。

我們經常可以看到用純金或白金，所製造出的戒指型印章。但是，持有者以從事特種買賣，或掛羊頭賣狗肉生意的人居多。

即使本人無此意識，別人也會把這種人當作是自我顯示慾較為強烈的人。

姑且不論古代的情形，可是，在現今社會裡，沒有人會把使用純金等貴重金屬所製作的戒指型印章，認為是一個人精神上或地位、力量上的表徵。

因此，持有這種印章時，在人際關係上，往往會違背自己的意圖，釀成他人對自己的不信任感，以致招來反感。不僅如此，如前所述，黃金、白金等，是一種財產，可以自由地兌換現金。所以，較不會把印章當作是自己的象徵，而當作財產的象徵。

亦即，印章不具有精神上的意識，而是具有物質上的意識。換言之，不但輕視了雕刻在印章上自己姓名所具有的真義，同時，還抱持著在萬一時，可把印章兌換現金的想法，事實上，存有這種想法的人，也大有人在。

如果這樣，就等於是冒瀆了印章。由於是用高價的貴重金屬所雕刻出來的，一定是被使用於印鑑，或在法律上具有重要意味的印章，可是這麼重要的印章，卻由於金錢上的需要，而被熔解，或是具有這種可能性的話，可說是與幸運無緣了。

以上所說明的是，持有貴重金屬印章時，此人心理上的作用與運氣，但是，從印相學上來說，凡是用金、銀、白金等貴重金屬所雕刻出來的印章，依然無吉相。

在印相學上，特別重視「調和」，如果普通人使用貴重金屬的印章，就破壞了調和之意，而招致不和、口角、衝突、破產、精神病等災厄。

女性時，也會有引起孤獨、經濟上的破產、色情問題等的傾向。

不論男女，如果在年輕時就使用貴重金屬的印章，即使運氣得以一時的發展，但不久也會遭致閉塞。

### ●瑪瑙・其它的石材

瑪瑙是水晶類的石材，硬質與水晶相同，因為具有極脆弱的一面，所以，不適合篆刻，同時，還會有缺損的危險。

除此之外，還有虎眼石，或者被稱為天然寶石等的石材，但是，不論以那一種來作為印章的材料，就印相學上而言，都不適合。

如果持有這種石材製的印章，就會忽視了印章本來的目的，而增強享受物質的心情，運氣不但會變得很不安定，同時，不容易期待平穩的生活。

## ●木材系的印材

使用梅樹或竹根等所製造出來的印章，風雅十足。如果只是用來作書畫或是藏書印使用，倒還無可厚非，但是，如果要作為印鑑、銀行用印等重要用途時，就其耐久度而言，並不適合。

由於興趣使然，所以選此印材雕刻成的印章，然而卻忽視了印章本來的真意與機能性，因此，就印相學而言，也是一凶印。

有一句話叫做適得其所，印材也應該從各種角度來加以檢討，使其成為無缺點的適材，這可以說是最為重要的一點。

## ●化學合成印材

化學合成印材的外表，雖然被製作成類似象牙與水牛角，但是，材質卻非常的粗糙。

就材質而言，不僅不適合於雕刻，同時還乾燥易脆裂，稍微的衝擊，就立刻會缺落。

就印相學而言，這種印材極具凶相，如果持有這種印章，破綻就會跟隨而至，絕對無法期待成功。不僅如此，還會受到巧言佞色所迷惑，而蒙受災厄。

持有這種仿造材質印章的人，不管作任何事，都是半途而廢，缺乏耐性，而且會有無法貫徹始終的傾向。

像這種仿造材質的印材，可以說已經完全被好運給摒棄門外了。

## ●金屬類的印材

有時我們也能見到使用鐵或銅等金屬類，來作為印材，這可以說是按照顧客的要求，不加以選擇，任何材質都可拿來雕刻的營利主義業者的歪風。

使用鐵或銅等金屬來作為印材，是非常不應該的行為，從印相學上來說，是屬最凶之運。

這種印材暗示著金錢運、健康運、職業運等等所有的凶運。

持有者如為女性時，將特別的凶惡，配偶身亡、終生孤獨，或者深受異性問題所帶來的後遺症所困惱，並且具有持續不幸的強烈傾向。

## ●結合的印材

這是把二種以上的印材，組合成為一個印章，例如，在水牛角的前端，結合了象牙，這種即叫做結合印材。

這種情形，在化學合成印材時最常見到。可是，這種用結合的印材所雕刻出來的印章，從印相學上來說，是為凶相，所以，最好不要使用。

原本應該只用一個印材，卻故意花費時間來加以結合的目的，無非是想特別強調，其外表的美觀。

不經任何考慮印材的祥和吉凶，就對印章的體認與精神有所缺乏，若把重點放在外觀上，同樣顯示對印章的缺乏認識。

結合，就是在現狀上再予以堆積，換言之，也能夠認為是在伸長發展。可是，就統計而言，持有這種結合印章的人們，從未有過成功的例子。

就印相學而言，是在一個毫無利用價值，形同廢物的印材上，再橫躺著一個成為障礙的印材。

如果以人的身體來作比喻，就是不但呼吸器官發生故障，同時還影響到心臟的正常功能。這種意義，會反映到持有人的運勢上，實在不可掉以輕心。

也就是說，結合的印章，雖然會使事態看來順利伸展，但是，卻會突然在中途遇到挫折、分離與失敗，而無法獲得好運。

# 印章的形和吉凶

什麼是印章的形。將以下三種予以總合，即為印章的形態。

一、是指整個印章的形態。亦即，並非印面的形態，而是整個印章所具有的風格。

二、是指印面。印面有圓型、方型、橢圓型等各種形態。

三、是印章的大小。在印章大小的這種表現中，包含著整個印章的大小與印面大小。

如前所述，凡是有形態的物體，自然就會隱藏著運氣，所以，印章絕不是任何形態都可以的。

## 〈印章全體的形態〉

印章全體的形態，叫做「印體」，印體的專門語為印顆，印體的形態也很多，有為了容易蓋章，而在印體中間刻上凹部的，有印體的整個中間縮小、葫蘆型、不倒翁型、圓筒型、方材型等等。

下面將就印體形態的吉凶來加以說明。

## ●圓筒型

印面的形狀也是圓形，印體兩端寬度相同，比其它任何形態都要簡單、安定。即使拿在手中，也沒有絲毫的不順感。

圓筒型所具有的光滑感觸，會讓人感覺十分的舒服，產生一種可以用和平、平安、溫和、寬容、仁愛等字彙來表現出的情緒。

不論是平面的圓，或立體性的圓，都具有陽的含意，從命運學上來說，是一種至高至尊的事物，象徵著至大、剛健、充實、圓滿、名譽、權威、力量、活動等，同時，還具有無缺陷的完美之意。

圓滿的意味，並非只是單純的和合。所謂的圓，就是指陰陽和合一致的充實結果。滿則表示滿足，無缺損的意思。

所謂的圓滿，是指沒有欲求不滿的缺損，也沒有欲求過度的突出，亦即沒有過猶不及的中庸之意。不但沒有力量不足或不平不滿，而且沒有過分的狀態，被認為是招致幸運的主要條件。

## •方型印

方型印的好處使用上較穩重，更由於印相的印章均要重壓印泥，所以方型印容易手握，也可免於摔破印角的好處。

其優點主端莊、正直、溫柔、中和、進取、成功、美滿的婚姻、個性的調和。

有人主張方型印代表不動、穩、靜，因此，以不動產的印鑑為主，其實正確的說法是陰陽的調和，使用的人如陽性四柱太多宜用方印，陰性四柱太多反而適宜方型印章，故平均說來，女性使用方印的機會較男性為多，不過，也不可不論八字的陰陽而亂使用。其理乃易數所言：「圓為天，方為地，圓屬陽，方屬陰，宇宙至理乃陰陽平衡之理也！」

## •橢圓型

橢圓是把圓給壓扁了的形態，是把沒有偏移的圓，向兩個方向拉長，使對這個方向產生了方向性，此即所謂的橢圓型。

地球及水星、木星、火星、金星等，是太陽的行星，而月球則為地球的衛星，這些星球的公轉軌道，都被描繪成橢圓。

根據公轉運動，想要從太陽或地球引力圈內脫出，結果卻被拉回引力圈內，而描繪成橢圓。

在橢圓的中心有引力的主體，橢圓即根據這種主體而存在及活動。

如果從印相學上來說，持有橢圓型印章的人，是自己無法成為主體而去活動的人，亦即接受協助，被人使喚或者是缺乏自主性的人。也就是從屬的運勢，會產生缺少要自己去開拓新境地的意欲。同時，這種印章還被認為勞多功少，運氣隨時會受到限制。

總之，持有橢圓型印章的人，隨時會受他人言語之煽動，而不能發揮自己原有的能力。

### ●剜型、其它

所謂剜型，是以容易拿取為目的，在印章的中間加上凹處，主要是用於事務用印，而受到消費者的喜愛。

這種剜型的印章，不適合於事務用或個人用，絕對不能算是吉印。

除此之外，還有葫蘆型、不倒翁型等各種印章。但是，根據嗜好，而雕刻出奇異形態的印章，就印相學而言，這是違反了「印章道」，絕對不是個人所應使用的印章。

如果持有這種印章，運氣便會變成不安定且輕薄。浮沉變化自然激烈，無法期待持續性的吉運。同時，也缺乏周密的思慮，常有輕率行動而招致失敗的傾向。

### ●戒指型

如「凶材印」之項所說明，戒指型印章是完全無視於印章本來所具有的價值。就印章的作用與實用性來說，最忌諱磨損、污染等情形而產生變化。可是，戒指型印章隨時都是戴在手指上，不管如何的小心，也不能避免損傷與污染。同時，由於在炫耀自己持有這種印章，自然就缺少了蓋章的慎重感。這種情形的結果，就會變成亂用印章，輕率處理事務，而招致糾紛、訴訟等重大事件的發生。

就印相學而言，持有戒指型印章的人，大都會遭到經濟上的破綻與失敗，徒有力量，卻無從發揮，就這麼得過且過的渡過一生。同時，還會錯失進退的時機，並墜落陷阱中。

### ●字　頭

所謂字頭，是在蓋章時，即使不一一確認印面，也不會上下顛倒，或者歪斜。這就是加在印體的記號，藉以表示印文的頭部。而字頭，又分為「指當」、「鑲嵌」、「加朱」、「鋲付」等四種方法。

「指當」是蓋章時，在相當於手指的部位削成凹處。「鑲嵌」是以石頭等作為記號而嵌入。「加朱」是在記號上加上朱色，或者是鑲嵌上長方形的金或銀。「鋲付」是嵌入金屬製的鋲。

這四種方法，都是要根據手指頭的觸感或視覺，來確認字頭，而正確的蓋章。因此，從實用上來說，確實是合理又方便無比。

可是，就印相學而言，就絕對不能說是吉相。

指當是削取印材，鑲嵌與鋲付，是要把異物嵌入印材之中，而傷及印材。加朱時，是在印材中加上印影，聽起來雖然不錯，其實，也不過是在印材原有的光滑肌膚上，加上污點。

字頭中，也有嵌入黃金、銀、白金等貴重金屬，或者昂貴的寶石類，可是，不論其外觀多麼地華麗，但是，也依然會使印體加上傷痕、污染，以及減低印體的價值感。

嵌入的東西，或是塗上的印影，終有一天會脫落，也會因為污染而變色，這是毋庸置疑的事。

這些變化，若說是印體的變化，倒不如說含有印相變化之意味。

根據印相學的哲理所雕刻的吉相印，再加上了字頭，由於這種損傷到印體的行為，吉祥運就會凶化，如果脫落時，就會按照脫落後的狀態，凶意將更盛。因此，絕對要避免在印體加上字頭。

從實用上來說，加上字頭的確非常地方便。但是，印章並不是為了方便而被使用的物體，蓋章往往會左右一個人的終生，因此，在蓋章之前，必須仔細審查要蓋章的文件，以及慎重考慮蓋了章將會發生何種結果。

就這些觀點而言，也可以了解到，要在印體加上字頭，是何等的錯誤。

**•加蓋型**

所謂加蓋型，是在印面的部分，加上了一層蓋子的印材。

由於它能保護印面，所以，乍看之下，似乎是很有意義的事，但是，在印相學上來說，這卻是一種凶相。

它往往讓人聯想到呼吸困難，就好像是居住在一棟通風不良的房子裡，在印相學上，是具有最大的凶意，而被忌諱。由於它是病難、破財之相，所以，這種印材最好是不要使用。

# 印面的形態、輪廓

所謂印面，是指沾取印泥的部分。因此，印章的整個形態和印面必定能一致。因為，不管一個印章的形態是如何的特殊，印面都是圓型或方型。

印文輪廓以「細框、粗字」，就是印面的吉相。

話雖如此，但輪廓的寬度由於是根據一個人的運氣與個性等因素而立，因此，應該使用和印文寬度相調和。所以，最好是委任信用可靠的印相家。

輪廓成為雙重的印章，即使是配八字，吉份也較薄，而且沒有發展性。因為，在象徵一個人的姓名上，緊緊加上雙重的框框，即表示束縛、妨礙、障礙、抑制發展之意。

因此，如果持有這種雙重輪廓印章的人，不但人際關係不圓滑，而且對任何事情的活動力都會萎縮，無法自由闊達的發展。

印章的輪廓寬度，比印文文字本身線條的寬度還要寬，就是所謂的「粗框、細字」的印面。

像這樣，輪廓的寬度與印文的寬度不調和的印章，其意義類似於前述的雙重輪廓，內藏有隨時都會受到外部的束縛，而不容易伸展的凶運。

持有這種「粗框、細字」印章的人，由於樸實無華，雖然也容易受到信賴，但是，為了求得發展，還需要具備另一個良好條件，尤其是從事自由業，或是企業家等人，若持有「粗框、細字」的印面，就會有所匱乏。

那麼，持有「雙重輪廓」或是「粗框、細字」印章的人，應該如何改印，方能打開吉祥運，將成為非常重要的問題。最好的方法是棄之不用重新刻製為佳。

例如，「粗框、細字」的印面，也會由於寬的程度，而構成印文線條的寬度，所以，即使是相同型態的「粗框、細字」的印面，都會產生極為微妙的吉凶相之差異，這可以說是理所當然的事。

因此，在雕刻印章時，不僅要注意框的寬度，與印文寬度的調和，同時還要總合判斷一個人的個性、力量與職業等各方面。

根據這種方法，也不能由印相來引導開運。希望讀者能明察此含意，如果要雕刻吉相印時，最好能和值得信賴的印相家商量一番。

市面上不乏在印面的輪廓上，雕刻龍或雷的紋樣，然後，在裡面雕刻上姓名的印章。

自古以來，龍與雷就被視為勇敢的象徵，它具有雄渾之氣，看起來就像是高級品。不過，廉價的印章，的確是不會有如此複雜的細工，但是，這種印章是否吉印呢？其實，這種印章非但不能說是吉祥之印，反而可以說是一種凶印。

前面也曾一再地強調過，印章不但是一個人的象徵，同時，也是日常生活中不可或缺，又具有實用性的重要物品。故意在印面的輪廓上，雕刻龍或雷的紋樣，也許是具有想以神秘性的事務，來守護姓名的意圖，並且祈願自己的運勢，能像龍或雷般勇猛直上。

可是，雕刻了龍和雷的紋樣，不但達不到預期的效果，反而會使姓名萎縮，自身變得十分渺小，因此，絕對不能算是吉相。

就印相學而言，這種印章會蘊釀出期待他人的能力，或是想不勞而獲的心情。同時，還會濫用權力、地位。由於過度地追求權力與地位，反而會招致慘痛失敗與絕望的運氣。

尤其是年輕人持有這種印章時，就算有一時性的發展，也不能持續長久，有時甚至還會招致一敗塗地，再也無法東山再起的事態。

印面的輪廓部分如果缺落，從印相學上來說，凶意很強，如果輪廓缺落時，必須要立刻雕刻新的印章。

輪廓缺落的原因有很多種，舉凡印材粗糙、保存不當。例如，掉落在地上，或者碰到某種堅硬物體時，就容易使輪廓缺落。

又，以化學合成材料作為印材的印章，由於寒暑氣溫的差異，有些極易變為脆弱，就算是使用象牙、水牛角、黃楊的印材，也難免會有劣質品，所以，選擇印材時，千萬要特別慎重。但是，對初學者而言，判斷印材的良否，實在是一件很困難的事，所以，還是找一位值得信賴的印相家較為妥當。

印面輪廓缺落的印章，其凶運的含意，會因缺落的部位、狀態，而有所不同。同時，輪廓的缺落，往往暗示著一個人的身上，會引起突發的事態，所以，不論如何，都必須立刻重新雕刻新的印章。

## 章法的吉凶

印面的構成需包括有「輪廓」，有關輪廓的事項，前面已陳述過，因此，這裡主要是以印文——亦即以印面文字的構成來加以說明。

印面的文字，簡言之是雕刻一個人的姓名、姓或者名字。乍看之下，理由似乎已很充分，可是最重要的一點，就是這些文字是否正確地根據了印相學而來配置。

在篆刻時，把文字配置在印面上，稱之為「章法」，根據章法的適宜與否，即使印材是精選的吉相材，印面的形態是最理想的吉相形，有時卻也會成為凶相印，這點絕對不可忽視。

印章是持有者人格的象徵，也是為了要確立法律上的權利、義務的實益「物體」，但是，關於它的形態，必須具備有廣泛含意的美的要素。

以佛像為例。如果一尊佛像的優劣，只論及內心的美醜，就不需為其形態的美醜問題來傷腦筋了。

可是，若要將佛像視為美術品，就必須在佛像的容貌、表情上，表現出難以言喻的高貴品格，並揉合了慈愛、尊嚴、寬容與強烈的力量。

這也包含了其它的美術品，例如，壺、香爐、繪畫、雕刻品、刀劍等各種美術品、藝術品，都具有共同的美的要素。

單純地說，佛像也是美術作品之一，亦即，唯有根據美的法則來雕像，才能產生一種令人難以抗拒的高貴與尊嚴。

在印面配上文字的「章法」，也必須要根據美學上的法則。從印相學上來說，所謂的吉相，其形態應該是非常的優美。如果說，醜陋或未經調和的不安定物體，不會產生吉祥之氣，並非言過其實。

如果令人感到配置輕率、感觸空虛、粗雜，或技巧過於繁雜的印章，就絕對不能算是好的章法。

雖然統稱為「章法」，但是，對印面配置印文的方式千差萬別，並不能一律把文字排列出來。

如眾所週知，文字中有如齋、巖、龍、鷲、艷、鷹、顯、驥等筆畫很多的字，也有如一、乙、力、人、七、大、川、木等筆畫很少的字。同時，雖然是大小相同的文字，有些看起來卻會覺得很大，有些看起來卻會覺得很小。

姓有一個字的，也有複姓的，而名，則有二個字、三個字，姓名就是由這麼多歧複雜的各種文字所組合而成。

在考慮完這些文字筆畫的差異後，接著考慮這是印鑑，還是平常用的印章，以及印面的尺寸是多少……等等要素，再來加以適當的配置，這一連串的過程，並非簡單的事。

而且，如果想根據印相學的哲理之章法來配置印文，只是單純美的配置，或者安定的配置，就沒有什麼用處了。

判斷一個人姓名的吉凶，除了根據出生年月日時的運氣強弱之外，還要考慮這個人的職業及立場、過去的運氣、未來好的誘導等因素，必須把焦點放在開發運氣上，來加以配置。

亦即，要把所謂的強、弱、軟、曲、直、粗、密、寬、細、剛、柔、伸、屈、動、靜等各個特徵加以調和的章法。

至於章法的吉凶，應該立足於命運學的哲理判斷上，雖然這個較屬於專門性，但是，只要是眼力特別優秀的人，都能掌握住某種程度的章法之吉凶。

虛心地來正視印影，從這種印影上，會產生何種感覺，此即判斷的關鍵所在。

看起來似乎是很困難的事，但是，只要是能鑑別文字的優美與書法優劣的人，就可以輕易地感覺到。

例如，看到小孩所寫的字，立刻就能了解這是出自小孩的手筆。因為這些字出於童心，這種童心，包括有天真瀾漫、幽默、畏縮、奔放以及強而有力。

關於印影，情形也可說是相同。如果，看起來就感覺很貧乏的印影，裡面就會隱藏著這種貧乏的運氣。如果，是看起來具有安定感的印影，其中就會隱藏著這種安泰之氣。

虛心注視某個人印鑑的印影，從這種印影裡，可以感覺到遊戲人間的輕薄感，那麼，此人的運氣也就缺乏堅實感。

也有許多人無視印相學，或完全不具備印相學知識，經常也可以看到很多只報出自己姓名，就把一切委任予師傅的人。

由於價廉、手續簡便或比較快速等理由，而草率訂購，卻因而獲得凶相印，使其終生顛沛流離的事件，可以說是屢見不鮮。

由於特定的個人印章的獨自性，無法從這種作法（大量生產方式）中獲得，所以，必須要自戒，不要自行掘了凶運的墳墓。

## 印文的配置

印文的配置法，可大別為縱書與橫書二大類。

縱書與橫書那一種較為理想，也是眾說紛紜，莫衷一是。與上述的姓名情形相同，內藏有不能一概決定其可否的命運學上之各種要素。

但是，這種說明，反而會使讀者陷於迷惑中，所以，以下將陳述其基本性的標準。

印文究竟是應該雕刻姓名，或者只雕刻姓或名，有關印鑑的基本標準，不分男女都應該雕刻上姓和名。

印鑑為一個人的人格象徵，這種人格則是根據姓和名而成立。

「姓」是繼承自祖先的傳統式象徵，而「名」則是屬於個人的象徵。

因此，唯有將姓和名一塊兒雕刻，方能確立個人式即鑑的意義。

婚前持有刻著娘家姓氏與自己名字的印鑑，而婚後如冠夫姓，則必須持有因婚嫁而更改過的姓氏與自己名字的印鑑，如此，才可說對印鑑具有正確的基本性想法。

## ●姓名的配置

印文姓和名的配置，在原則上來說，是採用直寫。

如果，根據印影來說明，即為——

(1)如果這個人的姓名，是由一個字的姓和二個字的名所構成，就要在面對的右側縱向刻上一個字的姓，左邊則在同樣的縱向上，配置上二個字的名。

(2)如果是姓一個字，名一個字時，就要在面對的右側縱向，刻上一個字的姓，左邊則配置一個字的名。

(3)如果是姓二個字，名二個字時，就要在面對的右側縱向，刻上二個字的姓，在左邊則配置二個字的名。

以上就是姓名基礎性的配置法，也就是所謂的「章法」。

可是，當姓是一個字，名也是一個字，而且文字的筆畫很少，或者姓二個字，名一個字時，因為要顧及整個印章外表的美觀，經常可以見到在名的下面，加上一個「印」字的印章，但是，這種作法，在個人性印章時，應該極力避免。

有人主張，姓應該縱寫，而名字應該橫寫，可是，不管是縱寫或者橫寫，如果嚴格地說來，應該根據當事者姓名的吉凶、姓名的筆畫，以及運氣的強弱來判斷。如果，劃一性地來斷定姓應縱寫，名應縱寫，那麼，這種論調並沒有實質的益處。

## ●斜雕

印章的「斜雕」，是指後面對印面的右上往左下，把姓和名斜向雕刻的印文。

一般而言，斜雕常見於二個字時，如果以傳統的說法，把二個字縱向重疊、配置，實在缺乏美觀。因此，現代人予以重新設計、配置，成為更符於個性，也極具美感的斜向。

如此雕刻的印文，確實頗具美感，可是就印相學上而言，卻是凶相的章法。

這種印文，不管是從右上往左下方斜雕，或是從左上往右下方斜雕，都是凶相。

一般的斜雕，都是從右上往左下方雕刻，這是印文伸展在印面所配置的八方位之二方位（坤位和艮位）、巽位（東南方）和乾位（西北方），而成為空相。

若以家相來說，即缺乏了鬼門張的巽和乾，被認為是凶相中之凶相。

從印相學上看，也是同樣的情形。持有這種印章的人，容易步上利己之途，失去信賴感，命運浮沉多波瀾，是為缺乏成功運的凶運。

## 字法的吉凶

印章的文字（印文），並非只是能夠閱讀即可，或者刻有很美的書體文字，就是最好的印章。

如同茶道、書法、插花等，都具有其各自的規矩般，印章所使用的文字規矩也有其「正法」。

這種文字的規矩，就叫做「字法」。

雖然統稱為文字，但是，我們日常所使用的書體，多半是以楷書體、行書體、草書體為主，再加上隸書體四種。

新聞、雜誌等，所使用的書體，都以使用明朝體（明體）為主，但是，這些文字，只是一些印刷的媒體，或廣告宣傳用，和本書所介紹的書體，意義迥然不同。

在雕刻印章時，除非是本人特別指定要使用明朝體，一般的刻印店，絕對不會用明朝體來雕刻印章。

印章（印鑑、銀行用印、公家印、事務章）若使用明體的書體，會變成凶相中之凶相。

即使印材是使用高級的象牙，印面是理想的吉相，如果印文的書體是明朝體，那麼，就會變成凶相的印章。

印章始於古代，一直延續到現今社會，從這麼一段悠久的歷史中，可以看到印章的製作，是和人類的文化一起邁進，所以，它絕不是可以貪一時便宜，使用明朝體來雕刻的輕薄物體。

前面也曾好幾次的強調過，如果就大小的觀點來看，這實在是很渺小的一顆東西，但是，就法律上而言，這卻是一個人人格的象徵。

即使拋開個人人格象徵的意義不談，它也擔任了各種重要的權利和義務，而且還具有能左右一個人命運的巨大力量。

這麼貴重的印章，如果使用不實用的明朝體來雕刻，那麼，若想偽造，也是易如反掌。由此可見，明朝體印章，是極易引起事故的印章。

那麼，使用不是明朝體的楷書體、行書體、草書體等所雕刻的印章，又是怎麼一個情形呢？事實上，這也不是吉相之印。

楷書體雖然是一極正統的書體，可是這種書體，大都是使用於一般性的日常生活上，作為印章用的文字，並不適合。

行書體、草書體的情形，也是一樣。

亦即，印章所使用的文字，如果是我們平常寫慣了的楷書體、行書體、草書體等書體，那麼，也和明朝體的文字一樣，極易偽造。

如此說明，也許會有人認為，使用明朝體和楷書體、行書體、草書體等書體的印章之吉凶，只不過是因為偽造以及易引起事故而定，而與印相學上的吉相、凶相毫無關係。事實上絕非如此，因為運勢吉凶的分歧點，即在於此。

印章是一個主張自己權利與義務的物體。如果要提高印章的價值，就不能忘記其獨自性。

所謂獨自性，不外乎要證明當事者的人性。

若欲區分A和B，必須根據A和B的獨自性含意。具有了這種獨自性，方能產生A和B的價值。

蓋章的法律根據，也在這種獨自性上，才能顯出印章的存在價值。

## •印章要使用篆書體

就上述的含意而言，印章所使用的文字，以篆書最為適合。

在國字中被認為是最古老的，就是所謂的「甲骨文」，是在西元前十四世紀，到西元前十二世紀時，用小刀刻在龜甲、獸骨等包括了象形的卜辭文字。

到了周朝時，就作為銅器的銘文，而產生了一種新的書體，稱為「古文」。

周朝後半期時，亦即所謂春秋時代的末期，出現了一種石鼓文的書體，此即「大篆」。

到了秦朝，大篆的書體被簡略化，編成穩重、誇示其曲線美的小篆書體。

書是智慧的宮殿，
唯有智者才能打開
它的門。

篆書體

這種大篆、小篆的書體，被統稱為「篆書體」。篆書體的文字，之所以最適合於印章的理由，首先就歷史而言，它不但是最古的書體，而且還兼具楷書體、行書體、草書體等文字所缺少的莊重感與神秘、典雅的品格。

就印相學上來說，篆書體的文字，之所以最適合作為印章的書體，是因為它能發揮印相學上所說的「增減法」的功夫。

所謂增減法，是一種專門用語，具有非常難以了解的內容，但是，若簡單陳述的話，即表示可根據章法之理，將姓名的筆畫予以增減。

增減筆畫，如果是楷書文字時，則為完全不可能的事。楷書雖除了特定文字之外，有所謂的簡體字，但是，增減法和簡體字，在邏輯上根本不同，楷書體的所有文字，就不能使用印相學上的增減法。

關於這點，如前所述，由於篆書含有古老的傳統以及種種歷史變遷的意味，如果根據篆書文字的由來與原則，為了讓印文的配置獲得調和，而去增減筆畫的話，並非是件困難的事。

古時，這種增減法被視為篆刻家的秘傳而受到重視。

不管如何，作為印章的文字，篆書可說是最適當的書體。不僅如此，它也是一種在印相學上最能顯現出吉化作用的字體。

## ●隸書體

如前所述，大篆的筆畫，受到簡略，而變成誇示莊重與曲線美的小篆。

可是，這種小篆，也因年代的遞嬗，除了用於碑文等特殊場合之外，鮮少被使用，同時，因為筆畫書寫起來不方便，遂繼續受到簡略化，而發展成直線性的隸書。

隸書是為了適合於記載碑文等較為重視書體莊重、典雅之美的場合，

精讀一本書，深深挖掘下去，就能尋根求源，探得其中之奧秘，這是一種好的讀書方法。

隸書體

所以，作為印章的書體，也絕非不適當。

可是，為了要雕刻吉相印，十分不方便的事是，使用隸書時，就不能像篆書般地來活用增減法。

因此，根據一個人的姓名構成，有時使用隸書，就不能獲得安定的調和，或者不容易進行要彌補姓名筆畫吉凶作用的吉化作法的缺點。

也就是說，根據個人，有時可使用隸書體，有時不能使用。就此含意而言，若要以隸書體作為印章的文字，就會受到很多的限制。

## 印體面的尺寸

印體的大小，並沒有一定。它會由於印章的用途，以及持有者而不同。所謂根據用途而不同，是因為印章為日常生活所必備的物品，所以，必須考慮其實用性。

例如，在事務上所用的事務章，就要根據這個人所處理的文件之形態與大小，來考慮印體的大小。

又，所謂根據持有者，會使印體大小不同，並非指當事者的體格，體格魁梧的人，就要用粗大的印體，體格矮小的人，就要使用小的印體。

凡是人類，均具有立場、地位、職業，而每個人的立場、地位、職業都各自不同。換言之，是每個人的才能、力量之差異。

這些要素，並非始終固定不變，而是隨時都在活動。

昨天還是過著宛如王侯貴族豪華生活的人，也許明朝就因經營的事業失敗，而變成一名市井之徒的例子，屢有所聞。

有些成長於赤貧如洗家庭中的子女，由於刻苦向上，而成為一名大企業家，這也是我們常見白手起家的例子。另外，也有一些原本十分興隆的商店，卻因主人遭遇到預期不到的災厄而蕭條。

運氣不會固定不動，而是隨時地在流動著。

當今被稱為成功者的人們，可以說是採取了適合於自己運氣的行動。如果收入不豐時，就過著適合於這種收入的樸實生活，即使是微不足道的金額，也努力地去儲蓄，為了要脫離這種窮困之地，傾注全副精力，努力地去鑽研與奮鬥。

雖然過著窮困的生活，但一點也不氣餒，以良書為友，來砥礪自己的心性，接受前輩與尊長的教導，諸如此類的情形，都可以說是適合於自己運氣的心理態度。

雖然收入不惡，卻期望能獲得更多的報酬，嚮往奢靡豪華的生活，這種人可以說是沒有適合於自己的運氣，而採取不符自己身份的行動。

印體的大小，根據個人而有所不同的道理，主要是指應該適合於自己的運氣，保守適合於自己身份的行動。

亦即，一個人和印體的大小，必須保持調和，如果破壞了這種調和，吉運也會立即化為凶運。

例如，印章既然是如此貴重的物品，那麼，選擇比象牙還要高貴的真金印材，是否較理想呢？事實並不然，另外，印體也不是愈大愈好，必須要根據和此人的調和情形，再來決定其大小。

以下敘述印體的實用性尺寸。

**●印體的長度**

一般認為，印體的長度，以四・五至七・五公分為最適當，其長度的長、短，從實際的使用層面上也會產生缺點，不僅如此，還會產生缺少吉相印的條件。

四・五～七・五公分的長度之所以較為適宜，是因為根據印章的用途，來決定適合於這個人的尺寸。

## •印面的直徑

所謂印面，是雕刻印文和輪廓的面。

這種印面和印體大小的情形相同，並沒有一定，要配合於印章的實用性，以及持有者的個人因素而有所差異。

女性用印章的印面，尺寸較男性用印章的印面小，這是根據一般性的看法。是以男女別的社會性角色、職業上的立場和力量等因素為基礎，所設計出的一種大概標準。

如果以個人的能力、立場來看，有些女性甚至會建立起男性永遠也無法達成的大事業，而確立其經營者的地位。

雖然稱之為經營者，其中卻也是千差萬別，從個人經營的美容院、餐廳，到股份公司的組織等大企業，無論是從事那種行業，凡是活躍於其間的女性，所持有的印章，就不必固執於上面所說的男女有別的一般性概念，唯有持用和男性同大小的印章，才可說是與這種女性的立場、地位與力量相調和。

根據印相學的哲理，而來決定印面大小的方法，是必須要根據一個人職業上的立場、社會地位和力量，以及出生年月日時、姓名的吉凶等所謂命學、卦理之面，來加以總合判斷後，才能決定最適合於此人運氣的大吉相之印面。

雖然，謙讓是我國固有的美德，但是，也要視時間與場合而定，任意地謙讓，並非理想之事。

例如，繼承亡夫之後，主持一家獨立經營公司一切事宜，如果因謙虛的心理，而雕刻一枚不適於目前身份的小印面之印章來使用，很可能會使過去順利經營的運氣之調和完全崩潰，事業一落千丈，而喪失了活力。

和上述的事例相同，事業尚未開始起步之前，就採用不符合自己身份，印面過大的印章，也是非常的不適當。

由於印面所釀造出的運氣之作用，即使目前進行的十分順利，可是也會無法持續長久，空有計劃而無法實行，或者擔任了不能勝任的工作，而招致失敗，結果由於虛榮心的作祟，而過於擴展，最後，終於失去信用，導致血本無歸的凶運。

易經「澤風大過」䷛的卦辭，表示——

「大過，大者過。棟橈，本末弱。」亦即採用過大印面的印章，是「大過」，主要的棟才就會招致危險。

所以，應該採用適合於自己，較為調和的印章，亦即要活用自己，活用印章，這是紮根於印相學的哲學。

因此，決定印面的尺寸時，也要先了解這種哲理，方能獲得吉慶。

## 接點法的真意

有一種「接點法」可以用來討論印相的吉凶。

接，為接觸的接，在印章的情形時，就是指印面的輪廓和收藏在輪廓中的印文的接觸。

請仔細觀察自己所持有的印章之印面。

相信，在此之前，對此都不太關心，可是，只要仔細觀察印面，就可以發覺輪廓與印文，在幾個地方接觸。

這就是印相學上的「接點」。接觸地方如果有五個，其接點即為「五」，如果在七個地方相接觸，其接點即為「七」。

然後，根據這種接點的數目，以及接點的位置在何處的判斷，來討論印章的吉凶，此即所謂的接點法。

例如，有人主張，在印面的八方位內側，印文正確的相接觸者，就是吉相印。

接點法是出自討論花押的吉凶。花押又稱書判，是代表簽名，也代表個人的氣質和性格。

尤其是從西元以後，這種傾向更為顯著，花押被認為是一個人的象徵，為了使他人不容易模仿，往往會加上種種複雜的創意。

可是，這種花押的吉凶判斷法，是屬於較難以了解的部類，因此，在這裡實在難以詳細說明，不過，仍簡單地敘述，和接點法有關連的幾個要項。

花押形態的各位置——例如上部的右邊位置，命名為「命運點」，上部的左邊位置，命名為「智慧點」。而這種點，共有七點。

然後，計算這個花押，在幾個空穴，再分成金、木、水、火、土等五行。

所謂空穴，為了方便說明，就以「田」字作為例子。

田字是由四角形框框和中間的十字，隔角的四個空間。這種空間，就是所謂的空穴，空穴再分為金、木、水、火、土的五行。

然後，調查和當事者的五行性與名字的筆畫是否相性，如果不相性時，就要在花押上加個「點」。也就是說，把這個「點」算作一畫，將凶的筆畫數，變換為吉的筆畫數。

這個「點」稱之為莊嚴點。

所謂「莊嚴點」的活用法，被今天的印章所應用的就是「接點法」。

在印相之中的接點法，就是要把印面的輪廓和印文接觸的一點，計算為文字筆畫一畫的方法。

如果，印面和輪廓的接觸點有四點，就是四畫，如果是六點，即為六畫。

假如要刻一個人姓氏的印章時，姓的筆畫數目是十四畫。

翻開姓名學的書籍，十四畫表示「沈淪破敗之象，家族緣薄，孤獨，凡事不如意，危難橫禍難測，勞而無功，屋漏逢雨，是成是敗乃未知之數。」這可說是凶運的筆畫。

因此，根據接點法，就要雕刻成輪廓和印文的接點使其增加到九點。

接點法有九點，亦即筆畫增加九畫，十四畫加上九畫，就會變成二十三畫。

那麼，二十三畫的情形又是如何呢？

在姓名學的書籍中敘述「這個數和三及十三的吉數相同，偉大隆昌威勢沖天之象，微資出身亦得榮達，上升至領袖的地位，是努力有成的運數……」因此，是所謂的吉祥之畫數。

如此，即使當事者的姓和名，甚至是姓和名的總筆畫，是帶有凶意時，也可以活用接點法，來變成吉祥筆畫的印章，根據這種接點法的吉化作用，持有此印章的運氣，也能轉變為吉運。

如上述，接點法確實是可以左右印章吉凶相的一種方法。

因此，世上的印相家之中，也時常可以看到把接點法作過高的評價，只重視接點法雕刻的傾向。這種印相家真可以說是只知其一不知其二的速成印相家。

只重視這種接點法的刻印法，是無法產生印章的吉化作用。

根據印相家的正確刻印法，是以「調和」作為第一個重點。

如前所述，不只是要重視印材、印體、印面和本人的調和，也要總合性的鑑定當事者的姓名筆畫，以及出生年月日時的運氣強弱。如果有凶意，為了要把這種凶意吉化，把存在有凶意的八方位，根據印相學來正確地加以調和與整理，才是最為重要。

同時，也必須了解，接點法是為了要調整這種八方位調和的一種方法。

如果說接點處有五個，是為吉祥印，有六個時，是為凶相印，只根據接點的數目來討論印象的吉凶是不對的，以姓名筆畫加點數，就能討論印相學的吉凶，也絕對不是正確的印相學。

# 凶印的型和條件

雖然統稱為凶印，但有關凶印的條件，也可舉出很多要素。只看前面的記述，相信就可以了解作為凶印的條件，有印材、印體、印面的構成等各種要素，除此之外，還有幾種被認為是凶印的條件，為了容易了解，把凶印的型及條件一起陳述如下。

## 〈凶印的型〉

(1)使用吉印材的上玉、象牙、水牛角、黃楊以外的印材，即使用水晶、瑪瑙、化學合成印材及金、銀、白金等金屬印材和其它印材。

(2)把印材結合，可作成的印體。

(3)印體過大或過小的印章。
(4)使用戒指型的異型印章。
(5)加上字頭的印章。
(6)角材的印章。
(7)印面的輪廓成為雙重輪廓的印章。
(8)和印文的線條寬度相比較，輪廓過寬的印章。
(9)在輪廓雕刻上龍紋或雷紋等，因此，使印文變小的印章。
(10)輪廓有缺落或磨滅、傷痕的印章。
(11)印文的字體是使用楷書、行書、草書，或者活字體的印章。
(12)印文雕刻成斜向的印章。

## 〈凶印的條件〉

### •上一代流傳下來的印章

由於上一代所使用的印章，且有來歷或者上一代是值得尊敬的人物等情形，產生了想繼承上一代所使用的印章的心情，這可說是人之常理，絕沒有半點兒牽強，反而會在這種心理中，含有類似於孝行的心態。

同時，如果想要遵守祖先傳下來的家系，而表露於外，也不為過。

當然，其中也不乏因為這是父親花費鉅資所雕刻的印章，在棄之可惜考量下，而繼承了上一代的印章的人。

前者是基於一種孝行的心理，而使用上一代傳下來的印章，而後者是在棄之可惜的考量下來使用。雖然狀況與動機不同，但是，其共同點是，對於印相的吉凶，完全沒有關係。

祖先所留傳下來的印章，會使人感覺其來歷不凡，好像祖先的靈魂會保護其子孫，讓人產生一種靈顯的感覺。但是，這件事顯然是把對祖先的虔敬觀念，和對印章的認識混淆在一起了。

不管已故父親的運勢是如何的吉運，兒子的運勢並不能和父親相同，因此，不管這個印章是如何的吉印，也是他父親所持用時才能付予這種運勢，而這種印章並不能確保為其子帶來吉運。

根據印相學來刻印時，必須總合性的鑑定當事者的職業、立場、地位、出生年月日時、姓名等，來雕刻符合於當事者的吉祥印，為第一個重點。

換言之，父母所持用的印章，是和父母的運勢相調和所雕刻而成，這和子女的運氣是完全無關。

雖然，父母和子女在容貌、體力強弱、性格的特徵等有類似之處，可是絕非相同，而且希望、目的、職業也有所不同。

根據印相學的刻印，必須斟酌這種個人性特徵情形，來求取總合性的調和，動腦筋來轉禍為福。身為人子者，如果直接使用上一代傳下來的印章，不僅會遠離了吉化的作用，反而還會蒙受凶意，有關這點，讀者千萬不可忘記。

上司或長輩，由於轉換職業、陞遷或其他因素，需要重新雕刻印章時，便經常會把以前的印章，轉讓給晚輩、熟人、部屬等人。

這時，比前述使用父親所留傳下來的印章，更具有凶意。

印章是一有生命的物體，隱藏著持用者的運氣。由於每個人的運氣，具有其獨自性，所以，即使是為了想沾一點前輩的吉運，而接受了印章，其吉化的作用，仍然令人存疑。

為了不使讀者誤解，在此特予說明，在印相學的吉印，所產生的吉化作用，是能夠終生地守護著持用著，被認為是這種學術的最大原則。

因此，不論是父親留傳下來，或前輩所轉贈，都會因持有者而發生作用，可以化為吉印，也可以化為凶印。

**●重新雕刻的印章**

偶爾也可以看到，接受他人的印章，或在某個地方撿到印章，而加以重新雕刻的人，這種情形可以說是凶中之最。

「因為太可惜了，所以，便拿去重新雕刻後使用。」這樣，不管它是多麼高貴的印材，都對本人不利。

姑且不論這是否凶印，卻可以斷定，這是在某處有缺陷，或者隱藏著不詳的印章。

對持有印章的人來說，印材的尺寸和印形，都是各自不同的。

從這種含意來說，別人所給你的印章，已完全失去了吉印的條件。

把這種印章，重新雕刻成自己的姓名而使用的人，不僅缺乏積極性，同時，也缺少自我主張與獨立氣概，終生受人指揮而勞苦。

至於把撿到的印章，拿去重新雕刻後使用，其末路之悲哀，自是不需贅言。

**●丈夫的印章小於妻子的印章，或者印材較妻子的印材為差時**

經常可以看到丈夫的印章小於妻子的印章，或者妻子的印材是象牙，而丈夫的印材，卻是黃楊。

雖然，夫妻各自具有不同的人格，但是，一家的興隆與幸福，是要靠夫妻合力建造的。如果夫妻互相地自我主張，家庭就不可能獲得祥和。

如前所述，印章具有其獨自性，丈夫的印章不同於妻子的印章，可說是當然之理。但是，如果以夫妻單位為中心來思考時，丈夫是妻子的丈夫，妻子是丈夫的妻子，所以，印章也必須要保持其調和性。

因此，如果丈夫的印章小於妻子的印章，或者使用的印材較劣時，從印相學上來說，是一家的主權發生了顛倒。如果放任這種狀態，最後將會演變成，作妻子的必須維持一家的生計，有時甚至還會招致生離或死別。

丈夫，亦即男性，如在自然界中，即表示「天」或「太陽」。相對地，妻子，亦即女性，是表示「地」或「地球」。

天為大，地為小。又，天是給予的立場，而地是站在接受的立場。這種天地法則，是印相學的基礎，絕對不容忽視。

從這種自然界的哲理而言，如果妻子的印章大於丈夫的印章，或者妻子的印材優於丈夫的印材時，亦即表示天地顛倒，不可能期望獲得全家的平安。

## •守護印是本來的實相

這種「相學」的原理，被認為是有形的物體，而根據印章的吉化作用，不外乎是從吉印所引起的「氣的現象」。

對於印章的真正了解，一般人只限於常識性的想法，對於其奧秘，卻可說仍是難以了解。如果沒有把蓋章的行為，或印鑑的登錄等考慮在內，就難以正確地去了解真正的印相學。

總之，和法律或時代的變遷毫無關聯。由於我們的地球，是根據一定的軌道而自轉、公轉，如果春、夏、秋、冬的變遷，古今都沒有變化而繼續不斷的話，始自古代的刻印法，也應該根據古代的古式法。

古代，並不像現在般，無論任何事都要依據印章來作為義務和權利的證明，主要是從「守護」的意義，而創出的學術。

此即印相學。在現代，也應把這種「守護」的意義，作為第一要目來雕刻印章。

## •刻印法和裝備法

印章的刻印法，是自古由每個派系秘傳下來，無法簡單的加以說明。

姑且不論各派系之事，茲將指導方法，概略地陳述如下：

# 吉相印護持秘法

根據吉相印的護持秘法，所雕刻的印章，可分為守護印，財產印、工作印、好運印等四種，若把這四種比喻為樹木，就是——

**○守護印**　相當於根

**○財產印**　相當於幹

**○工作印**　相當於枝

**○好運印**　相當於葉

如以上般，具備了根、幹、枝、葉的四種，稱之為護持條件，其中，最為重要的根元，是為守護印。

又，把守護印、財產印、工作印、好運印，根據現代的社會性使用，可分類為如下——

**○守護印**＝印鑑

○**財產印**＝銀行用印
○**工作印**＝事務章
○**好運印**＝家庭印

守護印是以守護持有者為重點而雕刻的印章，如果隨便使用，就會喪失了它的吉意，因此，以平時鮮少使用的印鑑作為守護神，最為適宜。

如前所述，守護印是守護持有者的重要印章，因此，以持有者的立場來說，是具有保護十分重要的守護印之含意，然後，再根據使用較高的順序，把財產印（銀行用印）配為幹，工作印（事務章）配為枝，好運印（家庭印）配為葉。而且，工作印（事務章），是做為工作用，好運印（家庭印）是做為在家庭中使用，符合各自的目的，以做為一生的裝備。

如印材的項目所陳述，上玉、象牙、水牛角、黃楊，是做為吉相印的印材最為適合的條件之一，因為它們是硬質的印材，不容易磨耗，可以長年的使用。因此，印章可以說是一個人終生的好伴侶，但是，有時卻可讓其印來改善運氣的必要。

因為不論是由多麼可靠的印相家，所雕刻出來的印章，對當事者的一生而言，並不能把所有的事項，都產生出吉化的作用。

嚴格地說，尤其是面臨這一生中的重大情事時，應該把這種情形，和值得信賴的印相家商談，並鑑定印章，如果這枚印章對此重大事件含有凶意時，就應該重新雕刻印章，來改善運氣。

印章的雕刻法與護持方法等，雖因各個派系而有所差別，但不管如何，委任信譽卓著的印相家，可以說較為安全。

如果就「印面的構成」此章的原則而言，應該接著解說「根據八方位印面的運勢」，才是順當。由於任何一件事，都以先了解其根本原理較為方便，所以，在下面就要敘述成為印相學基礎的「易」。

# 太極與兩儀

敘述至此相信讀者已能了解，印相的吉凶，並非一眼就能識別的，必須總合性地判斷印材所內藏的吉凶原理，以及印形、章法等各種狀態後，才能判斷出吉凶，在這些要素中，尤以「調和」為最重要因素，本書中也曾再三地加以強調過。

這種「調和」，就是易的哲理，簡單地說，就是陰陽的調和。

因此，如果對於印相學基礎的易理，沒有概略地了解的話，就無法充分了解，也不容易獲得確信。以下將說明易的大意。

「易有太極，再生兩儀。兩儀生四象，四象生八卦」，是易經《繫辭傳》中的一段。

這種太極，是指天地、陰陽之分，在混沌的時代，將要生成森羅萬象的「大元靈」，如果把這種原理比喻為現代的原子核，相信就比較容易了解了。

萬物均有表和裏。這也就是陰和陽，同時也稱為兩儀。

雖然說「太極生兩儀」，但是，並非在開始時就分為二，換言之，最後一件東西的表和裏，所看的含意之兩儀，在易，就用⚊（陽）和⚋（陰）的符號來表示。

可是，陰內也含有陽，陽內含有陰。

把陰和陽的二象，各自重疊成陰和陰、陰和陽、陽和陽、陽和陰，遂產生了四象。

在易中，把這四象用⚏（太陰）、⚍（少陰）、⚌（太陽）、⚎（少陽）的符號來表示。

亦即，「少陽」是陰中之陽（⚎），「少陰」是陽中之陰（⚍）。

根據「物極則變」的易理，「太陰」會變為陽，「太陽」會變為陰，來重複著盛衰。

## 兩儀生四季

「太陰」會變為陽，「太陽」會變為陰，陰陽兩儀，則生四季，稱為「廣大配天地，變通配四時」，把這四季拿來比喻成春、夏、秋、冬的四季。

這種陰（⚋）和陽（⚊）的用具，是構成宇宙要因三才的作用——即天、地、人的三種作用，把象徵這種陰陽重疊，而能產生☰、☱、☲、☳、☴、☵、☶、☷的八種變化，這叫做「八卦」。

然後，在此產生了「易」和「印相」的連繫。

八卦亦稱為「小成卦」。這種「小成卦」重疊了二個，就叫做大成卦，由於八卦與八卦的重疊，就變成了八×八＝六十四卦。

由於是用六支算木所構成，所以，能產生六十四的六倍，亦即三百八十四的變化。

## 小成八卦

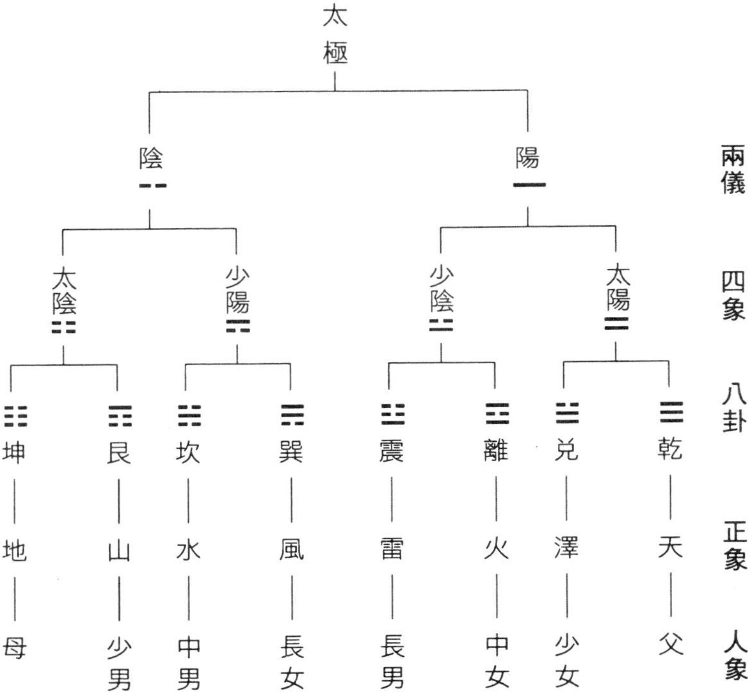

太極
陰
陽
兩儀
太陰
少陽
少陰
太陽
四象
坤
艮
坎
巽
震
離
兌
乾
八卦
地
山
水
風
雷
火
澤
天
正象
母
少男
中男
長女
長男
中女
少女
父
人象

簡單地去思考易的原理，也許要從三百八十四個要點來觀察，並加以判斷，而獲得某種實感，然後來觀察這六十四卦，觀察它的互象及爻變，易的消長，確實是無限，「窮則變，變則通，通則久」的教言，能隨時挽救陷於窮地以及苦惱的人。

## 八卦的構成

從太極生兩儀（陰、陽），從兩儀生四象（太陽、少陽、少陰、太陰），而從四象生八卦。

純陽☰叫做乾，作為太陽，純陰☷叫做坤，作為太陰，根據「物極則變」的易理，太陽是變為陰，太陰是變為陽。

太陽的☰乾，就成為☴巽，成為☲離，成為☱兌。

太陰的☷坤，成為☳震，成為☵坎，成為☶艮。

八卦是根據這種構成而成立。

把以上卦名配「正象」和「人象」，就變成了前述的「小成八卦」。

像這樣，以純陽的☰（乾）為父，以純陰的☷（坤）為母，這種☰（乾）變成初陰，就是☴（巽）作為長女，☷（坤）變為初陽，就是☳（震），同時，將其視為長子。

震是配在旭日東昇的東方，帝制時代稱皇太子為「東宮」，即根據這個理由。家相如果是東方開拓，這個家庭的長子就會身體健康，順利成長，而向巽（辰巳）的方向的家庭，長女就能獲得良緣。諸如此類的判斷，均自這裡產生。

把這種八卦配置於各方，就是「八方位（後天定位盤）」，能作為判斷運勢、性格、方位等廣範圍的基盤。

## 表示印章吉凶的印面八方位

印章的吉凶，是從印材、印形、章法等各種面，總合性地加以觀察，才能判斷是吉相印，還是凶相印。

這種根據印面八方位的印面運勢判斷，比起如前所述的各種判斷法，可說是最具體性的判斷法。

請參照後頁的「印面八方位圖」和「印面八卦配置圖」。

## 印面八方位圖

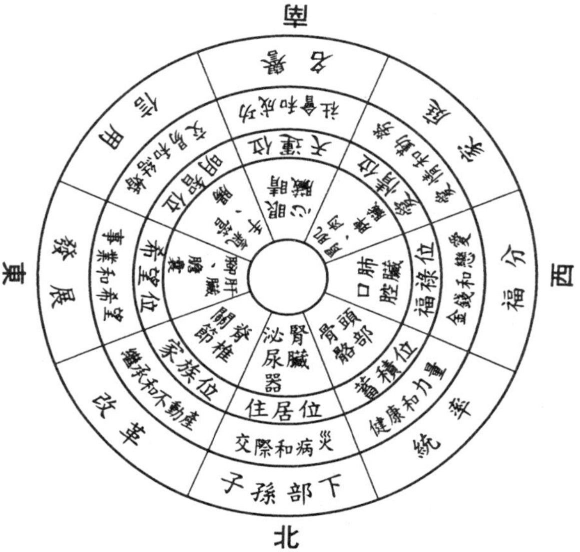

簡單地說，這兩圖就是天地大自然的萬物配置圖，是根據易的哲理所制定。同時，成為了數千年前古代到現代，連綿不斷的命運學所不能動搖的基盤。

把圓周三百六十度，八等分為四十五度的這個圓形，是在表示根據一定不變的法則，環繞著太陽、地球所作的自轉與公轉。

根據這種自轉與公轉，如「印面八卦配置圖」所圖示，在這地球上發生春、夏、秋、冬季節的變遷與循環，亦即東西南北的方位一體化，相信根據「印面八卦配置圖」就能了解。

**印面八卦配置圖**

不僅如此，這個看起來好像十分單純的圓形，也如前述般，包括著天地大自然的萬物、人類精神狀態及身體的細部。

雖然，「印面八方位圖」和所謂的「方位盤」相同，但是，不只是表示方位，同時，也是在解釋人類生活的時間上、空間上等一切吉凶的方位盤。

雖然，「印面八方位圖」和「印面八卦配置圖」所表示的只不過是包羅萬象中的代表，揭一部分的象意，但是，凡是精通易學的人，只要觀看這兩圖就應能發覺，在這其中包容著三百八十四的象意。

這兩圖除了表示宇宙之外，同時還表示著有關人類的一切，以及本書所介紹的印章之吉凶。

因此，在精密的鑑定印面的吉凶時，必須和「印面八卦配置圖」對照來加以判斷。

亦即，在各八卦的位置，有如下的缺點時，就判斷此印面具有凶意，而將這種部位的象意，以凶的含意來加以觀看。

⑴**缺落**＝印文或輪廓有缺落的情形時，印章具有凶的含意。

⑵**傷痕**＝有時是因雕刻刀所留下的傷痕，有時，卻是當事者使用不慎，而造成的傷痕。

⑶**不調和**＝印面的上下和左右不調和的狀態，例如，印文右端過粗，下部過細等，許多不調和的原因。同時，空間過大，或相反地，印文過於擁擠時，也會發生不調和的現象。

⑷**誤字**＝這種情形以篆書體時最常發生，如果書體沒有按正法時，就會變成不正確的字體，或者變成了別種字。

⑸拙劣＝由於雕刻方式的拙劣，使字形變得十分難看，其中也包含了輪廓線粗或較細等情形。

# 八卦配置圖的解釋（八卦的大意）

## ☰　乾（印面八方位＝統率部蓄積位）

〈正象〉　天。

所謂正象，是指代表這種卦的卦象。

如三支算木所表示，乾的象意是（☰）的全陽，是沒有混亂的象，指充滿這種純陽之氣的世界，把乾符合於天。

天，表示著廣大無邊，在天理明亮的閃爍，支配萬象的就是太陽。

表現動而不止，把光和熱給予萬物，健全的育成萬物的偉大力量，這個卦，把它視為天的同時，也作為一種形態，象徵著太陽。

〈卦德〉　剛健。

全陽而無混亂，是陽中之陽，認為是剛，由於是動而不止健全的天之運行，而把剛健作為卦德。

〈**卦意**〉　圓滿、健全、廣大。

仰視天空，會有一種「圓滿」的感覺，這就是此卦的卦意。因為是純陽，表現健全，象徵著無限大。

〈**人象**〉

在人類的世界中，絕對不存在純陽而沒有混雜，像天的運行之物體。人如果疲倦了，就會休息，如果沒有報酬，就不會辛勤地去工作。但是，天地的運行，並不會因疲倦而休息，繼續不斷地施予我們所居住的地球光與熱。

如果把這種未來永劫，以及毫無間斷的活動永不休止，那麼這種乾天的作用縮小化，使符合於人類界，就會成為總統、聖人、大統領、宰相、支配者、成人、公務員、聲望家、祖父、父、夫、紳士、武人、頭、背骨。

〈**動物**〉　龍。

在易經，六十四卦的首座，☰☰乾為天的彖傳之辭以及爻辭，都比喻為龍之動來說明。

當然，龍是虛構的動物，但是，卻是陽物的象徵，由於乾是純陽之卦，是變化的原點，被認為具備有乘雲、雨、呼風、滋潤地上萬物之德。亦即，以龍之動來說明乾卦之意。

**〈物象〉**　大河、大川、大海、大平原、首都、寺院、宮殿、高樓、郊、金、寶玉、鏡、米、豆、雹、冰。

物象也是以乾天的廣大無邊，或能施予貴重物品，或天空是圓等意來符合。

**〈病象〉**

五行的配置，相當於肺臟，但是，也可認為是急性疾患、心氣昂進，或高熱、火氣上升、目眩、頭腦的疾患，由於純陽滿身之意，也可認為是浮腫、癌症。

**〈病勢〉**

認為病勢會上升，病會充實或具有會變成急病的傾向，或會變成陰而惡化等。

**〈其他〉**

**※氣候**＝可認為是晴天，但是也可以看作變陰，容易變天。又，根據季節，春天是冷氣較強，夏天會下驟雨，秋天會有晴朗氣候，冬天會遭遇到寒冷的看法。

**※季節**＝晚秋到初冬。

※方位＝西北（戌亥之方）。

※數＝易數「一」。五行數「四」「九」。

※九星＝六白金星。

※時間＝下午七點到十一點為止的二刻（戌亥之刻）。

※色＝白色或金色。

※味＝辛辣味。

## ☷ 坤〈印面八方位＝家庭部愛情位〉

〈正象〉 地。

對於乾的純陽，坤是純陰，又由於能成為陰的母體，如果把有關於坤的所有象意，認為是和乾的象意是具有對照性，相信就容易了解了。

乾是天，作為施予的氣，而坤地就是認為具有接受這種氣，而來造形萬物的力量。

亦即，坤為地，主至哉坤元，萬物資生，象徵廣大深淵，而無法衡量的大地之德，就是此卦。

不管是天日之光，或者是熱，都是要在大地吸收，才能發揮育成萬物的作用，萬物，如果不具備這種給予和接受的天地協力體制，就不可能會成長。

**〈卦德〉** 柔順。

承受乾天之惠，加以順應，生成一切的物形，予以育成、堅實，就尊稱為坤德。如果乾為精靈，坤又相當於肉體，萬事都是被動，首先以「柔順」為卦德，可是，在這種被動性的作用中，具有一切均為現實性，以及不容許半途而廢的那種積極性。

因此，無論對任何事，要求都很嚴格，而具有始有終之美，並可看到美妙的育成、結實。

**〈卦意〉** 靜、厚、堅實、營、虛、遲、疑、吝、卑。

由於坤是純陰之故，永遠是寧靜，大地廣大豐厚，備有生育萬物之大德。

沒有任何抵抗，而率直接受天之氣，就是虛、是無。另外，對於乾天的快速動態，是遲延，對天之尊，是卑。同時，因為是陰氣之故，也可以看成疑惑，對於陽的進取、積極，也能解釋為消極之意。

**〈人象〉** 皇后、母、妻、老婦、眾民、小人、凡人、農人、罪人、陰謀家。

因為乾為天子，於是坤就為皇后。又，如看做庶民時，是對於丈夫的妻子，對於男性的女性。

同時，從太陰之意，也可看成老婦，從大地，則是吸收雨露來滲透之意，也為親近或大眾。

由於又把「乾」作為明、為白，「坤」自然就為暗、為黑，有時可視為罪人。也能解釋為吸引陽極的陰極之強大力量，所以，也可視其為陰陽家，或者缺乏融通的頑固之人。

在人體時，是為腹部，會消化食物，滋養身體的胃腸，其容姿被認為一概是多血質的肥胖型。

**〈動物〉** 牛、牡馬、虎、貓族。

對於陽性的馬，就成為笨重的牛。牛是陰的動物，性情柔順，步行遲鈍。同時由於牛蹄是分為二個，即表示為陰。

牛會分泌多量的牛乳，養育後代，因此，也能成為人類的滋養源。在廣義上來說，被認為具有母德，泛指水牛或陰性的夜行性虎、貓族等。

**〈物象〉** 布、袋、金庫、衣裳、城邑、章。

由於柔軟，廣泛包容等含意，認為是布料、衣服，由於包藏萬物之意，認為是袋類、食庫，再加上原來是大地之象，也可認為是田園、邑（村落）、建築物，大地是由諸象混和為章，也可認為是文、書。當然，報紙、書籍等，也可以包括在坤的物象中。

**〈病象〉**

在五臟中，是相當於脾臟、胃、腸，因此，消化器系統的病症較多，下痢、下血、慢性胃腸病，以及赤痢等傳染病，或者過勞、精力衰退等，均成為坤的病象。

**〈病勢〉**

由於「靜」或「遲鈍」等卦意，大部分都是緩慢進行狀態的病症，被認為病症會延長，而且容易慢性化。

**〈其他〉**

※**氣候**＝一般認為是陰天，或下著連綿細雨，如果下大雨時，被認為是陰極轉陽，所以能放晴。

※**季節**＝從晚夏到初秋。

※**方位**＝西南（未申之方）。

※數＝易數「八」。五行數「五」「十」。
※九星＝二黑土星。
※時間＝下午一時至五時為止的二刻（未申之刻）。
※色＝黑色或黃色。
※味＝甘味。

## ☳ 震（印面八方位＝發展部希望位）

〈正象〉　雷。

由於坤之陰極而回復一陽，這種一陽被二陰抑制，而發出怒氣之象，因此，把這種激怒象徵為雷。

陰降、陽升，是陰陽觀的原則，被認為是要去除這種鬱憤而奮起。亦即把早春還寒冷的外氣（二陰）拂除躍動的奮發之氣（一陽＝氧氣之精），符合於春雷。

〈卦德〉　奮動。

雷鳴，震動周圍一帶而前進——以這種雷的性情，亦即奮動作為卦德。

**〈卦意〉**　發憤、奮起、音響、飛、移動、決斷、暴進、驚、電光、勉勵、成功、志、追。

由於怒拂開重重壓在上面的二陰（低氣壓）而躍出的激烈性，認為是發憤、奮起。另外，從雷的瞬間性的果敢之意，認為是決斷、志、青春的姿態。

同時，由於雷的進行，而解釋為音響、飛或移動、暴進、電光石火、或人道等所有的道。

**〈人象〉**　長子、天子、王侯、壯者、行人、勇者、青年、激情家。

因為純陰的初位變為陽來作為長子，又因替天施功之意，而作為天子，作為王侯，作為壯者。

除此之外，還有許多象，但是，由於是對於乾之父的長子，不久要繼承其父之故，能夠看到許多和乾同樣的象意。

因此，把乾的人象回復青春，來思考它的青春期，就容易了解震的人象。

例如，情質是明朗、闊達，或者也可以認為是血氣方剛的行動派人物。

若把震比喻為人體，就相當於腳。

**〈動物〉**　龍、馬、蛇。

首先，因為氣勢很強，隨時都是飛躍性，認為是龍，但是，也可以作為駿馬，或額頭為白色的馬。可能是在賽馬時，最受矚目的馬，可說是適當的象。

同時，也可以認為是從冬眠中覺醒，爬出洞穴中的蛇。

**〈物象〉** 樹木、車、飛機、蘆、茅、花穗、煙火、樂器、鞋類。

作為成長快速的樹木，同時，作為震動疾行的交通工具類，從雷鳴聲，作為發出聲音的樂器類，也作為和電話、傳播等一切電氣有關的東西。

**〈病象〉**

在五行中，是被符合於肝臟、膽囊，但在人體中，卻是符合於腳，所以，看作是扭傷、腳跟尖或關節疾患骨折等。

從雷的激烈氣勢，當然也可認為是急性或突發事故等，同時，也可看作心悸昂進、火氣上升、腦溢血、顛癇的發作，以及一時的恐怖症等。

**〈病勢〉**

大都是突發性的症狀，概略認為是激烈症狀，又，慢性病及長期疾患時，就有必要去考慮症狀的昂進、急變、惡化等情況。

**〈其他〉**

**※氣候**＝大致認為是晴朗的好天氣，但是，在夏季時，就可認為雷多，或有時會發生颱風與地震。

**※季節**＝春。

**※方位**＝東（卯之方）。

**※數**＝易數。五行數「三」「八」。

**※九星**＝三碧木星。

**※時間**＝上午五時至七時為止的一刻（卯之刻）。

**※色**＝藍色或草綠色。

**※味**＝酸味。

## ☴　巽（印面八方位＝信用部明智位）

**〈正象〉**　風。

☰乾天伏入了一陰的形態，作為☴巽風。

而二陽為天，一陰為風，亦即，在天之下風流動的象，作為正象。

**〈卦德〉**　伏入。

風具有從很小的細縫中也會鑽入的性質。

亦即，即使是像針所刺的小孔，也能侵入來發揮特有的強力，因此，把伏入作為卦德。

**〈卦意〉** 進退、出入、柔軟、臭、不果斷、流動、呼吸、應接、商、利益、巽順、教、疑、反目。

風如果碰到了障礙物，就會改變方向，這種隨情勢而行動乃是常情，所以，認為是進退、出入、柔軟。但是，也可以認為是迷惑於進退而不果斷，或者不決斷。從會被迷惑的意味上，可認為是疑或反目，由於從伏入之意，而作為商，或作為利益等，以風所有的性情來作為卦意。

**〈人象〉** 長女、巫女、僧、尼僧、髮少、寬額、多白眼、股。

由於太陽的初陽變為陰，所以，認為是長女。

因為備有巽順之德，來服侍神之意，也認為是巫女、尼僧。

頭髮和血液，同屬於陰，從二陽一陰之象，認為是寡髮（毛髮稀少）的女性，或者由於把陽作為廣大、白、陰狹少、黑，從這種二陽一陰之象，而認為是寬額、禿頭之人，或者眼白較多的人。

在人體時，因為舉動隨腳之意，而認為是股。

〈動物〉　雞、鸛、蛇、魚、豚。

雞是柔順，容易習慣於人類的動物，具有時常潛入人家屋簷下，或者竹林等習性（伏入）。

蛇會尋找洞穴，魚會潛入水中。另外，豚也具有伏入性，鸛由於身體白色，乘風飛到遠方之故，也認為是巽的動物之象。

〈物象〉　樹木、木材、紐、繩、書桌、床、楊柳。

和☳震的向上伸展之意相反，☴巽是要在地下張根之意，因此，物象認為是樹木、喬木。

同時，從齊之意，也認為是砍伐的木材，由於隨風的柔軟性，認為是楊柳，或具有屈曲自在之意，而認為是繩、紐、捲尺等。而從畫象，也認為是座椅、書桌、床等。

〈病象〉

由於是隨著腳的股，首先要思考和骨關連較多的下半身病症，例如，性病和痔瘡等。

另外，因為是屈曲自在很長之意，作為腸，作為包含風邪的呼吸器疾患，或潛伏有熱性的各種疾患。

**〈病勢〉**

病勢潛伏，顯示一進一退的症狀，認為會造成延遲的傾向。

**〈其他〉**

※**氣候**＝一般認為有風，或晴時多雲的氣候，但在秋天時，會受颱風影響，而變為風勢較大。

※**季節**＝晚春到初夏。

※**方位**＝東南（辰巳之方）。

※**數**＝易數「五」。五行數「三」「八」。

※**九星**＝四綠木星。

※**時間**＝上午七時至十一時為止的二刻（辰巳之刻）。

※**色**＝藍色、綠色。

※**味**＝酸味。

## ☵ 坎〈印面八方位＝子孫、部下、住居位〉

〈正象〉水。

坎的文字，寫成「缺土」，認為是一陽水之水缺土（坤地之土）在流動。又，把算木排列成縱向，就變成☵（水字），不管從那個角度來看，都是水。

〈卦德〉陷險。

因為缺土的形態是洞穴之故，認為是陷。

又，些微的雨量，如果積存起來，就會逐漸增加而變流水，在這流水的途中，有山，有谷，有彎曲，在到達海洋之前，會經由相當的苦難和轉變，而認為是多辛勞，或是由於在二陰的邪惡之中，陷入一陽的正直而痛苦，把卦德認為是陷險。

〈卦意〉　伏藏、變化、溺惑、災害、加憂、孚、智謀、志、思想、矯正、月德、孕。

由於二陰之中躲藏一陽之象，所以，認為是伏藏、孕。又因為一陽陷在內，會認為是溺惑、災害、加憂。而且對於離為日德，坎為月德，是對於動之靜，從靜心鎮思，冷靜觀察事物、思想等作為卦意。同時，把這種卦意敷衍，考察為心勞、苦惱之意較為深刻。

〈人象〉　次子、盜賊、律師、冷血漢、哲學家、科學家。

☵坎，是太陰的坤之中爻，變為陽的卦，即次子，認為是冒險從洞穴中潛入，也可認為是盜賊，從冷靜的判斷、嚴峻的裁判，來糾正陰曲之意，認為是律師，法官或冷血漢、陰險而壞心眼的黑心之人。

再把象意拓展，也可考慮為冷峻的哲學家或科學家等。

〈動物〉　鼠、狐、豬、馬。

作為擅於潛入洞穴的鼠，美背的馬，或者勞役的馬，同時，也作為豬及狐。

〈物象〉　河川、溝、湖、海、血、酒、膏、輪、弓、罐、水晶、桎梏。

如果把☵坎的算木，排列成縱向，就會變成☵（水字），因此，當然可以認為是河川、溝渠、海水，但是，酒、血、膏等液狀物質，也都能成為坎的物象。

同時，作為輪、弓，是因為把中爻的一陽，認為是直線、正直，上下的陰曲作為撓，認為是罐（一種打擊樂器），也是根據這種畫象。

所謂桎梏，是古代時用於刑罰的腳鐐手銬。

〈病象〉

以耳為第一個病象。但是，在人相學上，耳是被比喻為腎臟，根據耳朵顏色的考察，就能正確地診斷出腎臟或膀胱等的病症。

生理不順、泌尿器系的疾患，是坎象，也包括了下痢、下血或痔瘡，同時，也認為是食物中毒、酒精中毒、血毒等，有時甚至可認為是服毒。

**〈病勢〉**

通常都是惡質的病症，被認為是難症。

**〈其他〉**

※**氣候**＝作為雨或雪。或烏雲密佈，即將下雨的模樣，有時也可認為是洪水或海嘯。

※**季節**＝冬。

※**方位**＝北（子之方）。

※**數**＝易數「六」。五行數「一」、「六」。

※**九星**＝一白水星。

※**時間**＝下午十一時至凌晨一點（子之刻）。

※**色**＝黑色、紅色。

※味＝鹹味。

## ☲ 離〈印面八方位＝名譽部天運位〉

〈正象〉 火。

在純陽☰乾的中爻，名叫一陰的太陽，成為日輪在天上綻放光輝的象。

乾雖然也象徵太陽，但是，離是在日盛的南天燃燒太陽的姿態，所以，也可認為是太陽的黑點。

易經「說卦傳」中記載，「離即麗字」，除了「美麗」的含意外，還有「著」「升」的含意。燃燒的火，是一種非常美麗的東西，會附著在物體上燃燒，是火的性情，因此，此卦是象徵附著在二陽燃燒的火之形態來作為其正象。

〈卦德〉 明智。

太陽和燈火，都是光輝而照亮四方的東西，使人們能識別物體的輪廓，同時也能生成化育萬物。於是，便產生了以它作為明智的卦德。

〈卦意〉 美麗、日輪、光明、目、見、乾燥、飾、爭、競、罔（空虛）。

離，是作為火，作為明亮。而眼睛是在主宰視覺，但是，如果過於明亮，也就什麼也都看不見了。

所謂罔（空虛），因為火雖然很美，但是，卻無法拿在手中把玩觀賞，燃燒後就會變成虛，只殘留下了空虛。同時，為了誇示美麗的東西的含意，也能成為競爭等的卦意。

**〈人象〉**　次女、美人、女演員、畫家、作家、學者。

在純陽的☰乾加一索，就成了☴巽，而認為是長女，由於離是再索而變成☲，所以，認為是次女。

從「麗」的含意，也可認為是正值青春的美女，或者是美麗女性的代表。而從「裝飾」的含意，可作為畫家、作家、學者等。

**〈動物〉**　鶴、雉、飛鳥、龜、蟹、貝殼。

不管是從姿態之美方面來說，還是從「生」「麗」的含意而言，都能作為鶴、雉、飛鳥。

尤其是雉，有一種附著在長尾巴上的夜光蟲，或發光的細菌，飛行的人魂等，具有許多令人畏懼的傳說，而且螢火蟲也被舉為離的象之一。

龜、蟹、貝殼，是以上下的二陽為堅，中爻的陰當作柔軟肉的象。

**〈物象〉**　盔甲、斧、刀、矢、瓶、網、飾物、文書。

火的明智能照明各種東西，由於具有裝飾文物的含意，而認為是文書、文學、書籍、繪畫、美術品。

當作網，是以目為網目，來狩獵、戰鬥，但是，它從外堅之象，也作為盔甲、鉾、斧、刀，從中虛之意，也認為是鳥之巢、龜、瓶等物。

**〈病象〉**

以眼和心臟為第一，而且認為是急性或者會感覺激痛、發高燒、心悸昂進等被判斷為心虛，必須緊急處理。此外，也可認為是心勞、失眠症、火氣上升、火傷，以及「著」的含意，而為傳染病等。

**〈病勢〉**

由於附著又分離，所以，病勢通常都不一樣。

**〈其他〉**

※**氣候**＝晴天，或者認為會有連續的旱災。

※**季節**＝夏。

※**方位**＝南（午之方）。

※數＝易數「三」。五行數「二」「七」。
※九星＝九紫火星。
※時間＝上午十一時至下午一時的一刻（午之刻）。
※色＝紅色、紫色。
※味＝苦味。

## ☶　艮〈印面八方位＝改革部家族位〉

〈正象〉　山。

在坤地之上，豎立一陽的山脈之象，所以，可以一目瞭然，畫家本身是在顯示一個山嶺。

〈卦德〉　靜止。

靜止而不動，就是山的容姿。穩定而不會微動，被形容為「穩如泰山」，此即艮的卦德。

〈卦意〉　高尚、頑固、慎重、篤實、貯蓄、退讓、謝絕。

由於山是毅然而高高樹立、沈思默考之故，認為是高尚、頑固、慎重、篤實。

同時，還具有停在原地等待之意，在艮加上「辶」，就會變成「退」之意。

又，因為有讓物體停止之意，也認為是儲蓄。

〈人象〉　三子、賢人、獄吏、住持。

純陰的☷坤，加以三索，而獲得☶陽，所以，認為是三子，同時，也可認為是少年或最小的男孩，以及年幼之子。

因為畫象是相同於大腿的形態，所以，有時也把這種一陽，看作是男根。

也認為是，不論遭遇到何事，都不致手足失措、慌亂，能靜思，而不會有錯誤的判斷，是一溫厚、篤實，又賢明的人。

獄吏是把罪人停留在此地之意。住持，是把神佛留下來祭祀的人，用此而來的人象。

〈動物〉　狗、龍、虎、豹、狷介族。

以艮為家，作為門之故，成為守護之意，把上爻的一陽，認為是首，而從首很穩定的動物之意，認為是狗、龍、虎、豹，而且還認為是牙齒銳利的狷介族。

〈物象〉　城廓、家、門、牆、宗廟、墳墓、床、丘陵。

由於不動而堅固，作為城廓、門、牆，也作為神靈所停留的寺院，作為祭祀祖靈的宗廟、墳墓，作為家，但是，有時也可作為小徑，或大石、小石。

在家具中，作為床、書櫥、衣櫥等較高的家具，都能成為艮象。

而且，也可以認為是堅硬樹木，節較多的樹木，堅硬的樹實、草實。

**〈病象〉**

在臉部，是當作五岳（鼻、額、右頰、左頰、下巴），或整個身體，尤其是作為身體中運動較少的背部、腰部，同時，由於會變化，停留的含意，手腳的關節、手指等，就被認為是艮的卦象。

因此，關於這些部位的病症，主要是由於不能動之意，而不思考關節不全或半身不遂，手腳障礙、骨折等。

在五行，成為消化器系（土性），也能認為是腫瘤、癌等病象。

**〈病勢〉**

頑固的長期疾患性較多，認為是容易慢性化。

**〈其他〉**

**※氣候**＝認為是黑暗的陰天，可是，在長期下雨時，就認為是能夠雨過天晴。

**※季節**＝晚冬到初春。

※方位＝東北（丑寅之方）。

※數＝易數「七」。五行數「五」「十」。

※九星＝八白土星。

※時間＝上午一時至五時的二刻（丑寅之刻）。

※色＝黑色、黃色。

※味＝甜味。

## ☱ 兌〈印面八方位＝福分部福祿位〉

〈正象〉　澤。

☱兌，是把坎（☵）的下面阻塞，而予以擋住的形態，所以，認為是水積留在澤。亦即在貯水池、水霸等，蓄存滿滿的水，來滋潤廣大的田園，或者當作一般用水的水源，由此便自然可以了解這個卦的大意。

〈卦德〉　愉悅。

兌字，是把「悅」字，除去「忄」，但是，本來應是以下位的陰爻，乘載在二陽之上喻悅的象，來作為卦德。另外，把兌當作季節，是相當於秋天，所以，也意味五穀豐收的喜悅之意。

〈卦意〉　折毀、和、誘惑、色情、愛嬌、買賣、娛樂、雄辯、不信、狹量。

因為一陰乘載二陽之上，且有嬉嬉相和之意，同時，作為張開嘴唇，來引誘男人之心，而認為引誘力，當作誘惑、色情、不信、狹量等。

由於會讓人感到喜悅，所以，也可當作是娛樂，以及能夠讓人心動的雄辯或愛嬌。

兌字，是口，這是張開嘴，而使臉部起皺紋的形態，作為口之象，認為是飲食的喜悅，或由於口與口交合在一起，而當作交易能談妥。

折毀時，是對於☰乾的「充實」，認為是缺乏一爻不足。

〈人象〉　少女、巫女、朋友、藝妓、妾。

☱兌之卦，純陽的☰乾加三索，在最終能獲得一陰，所以，作為純真的少女或巫女（服侍神的未婚女性）。

其它大部分的人象，都是從這少女之意轉化而來。因為是童女，騎在父親或青年、壯男肩上，而神情十分的愉悅，所以，也認為是呈現出媚態，讓男性喜愛，作為專業的藝妓，或是服務生等，有時也當作妾。當作朋友，是和親的含意。

**〈動物〉**羊。

畫家的陰爻，作為䒑之象來看，就能成為角長的動物，從少女的溫和，柔軟之意，也能作為羊。

**〈物象〉**谷、溫地、低地、池、沼、湖、星。

以兌為澤，所以，當作類似澤的谷、窪地或水溜，由於折毀之意，也當作毀壞掉的東西。

又，對於以☰乾為太陽，☷坤為月亮，少陰而具有三女之意的☱兌，也可作為「可愛的星星」。

**〈病象〉**

從卦象，而認為是全盤口腔的病症（包含牙齒）。

從飲食之意，乾為胃腸病，而且在五行是作為肺，認為是呼吸器疾病，如果有喘息，就認為特別的嚴重。

從口之意，而認為是下半身的口，諸如婦女病、性病等疾患。

**〈病勢〉**

頑固的症狀很多，具有容易延遲治療的傾向，認為容易慢性化。

〈其他〉

※氣候＝認為是陰天或雨天，但是根據季節，有時可認為是清爽的秋風。

※季節＝秋。

※方位＝西（酉之方）。

※數＝易數「二」。五行數「四」「九」。

※九星＝七赤金星。

※時間＝下午五時至七時為止的一刻（酉之刻）。

※色＝白。

※味＝辛辣味。

以上簡單的解釋「八卦配置圖」，並陳述「八卦」的大意。

如果，把這種八卦的象意放在根底，然後，把這種卦意敷衍，用於印相的吉凶判斷，相信一定能獲得更為正確的解答。

接著，要陳述根據印面八方位的印相判斷法。

# 根據印面八方位的運勢

## 名譽部天運位　易象・☲離（火）

〇自然的象意　火、太陽、光、熱、晴。
〇時間　盛夏。正午前後。
〇方位　南方四十五度。
〇人事　次女、美人、智者、情熱、名譽、藝術、性急、爭鬥、離別、邪智。
〇身體　心臟、眼睛、頭腦、神經症、便秘症。
〇數意　「二」「七」。

這個部位，是根據「火」來象徵。

從在中天輝煌燃燒的太陽，到豆粒般很小的燭光，表示所有明亮的物體、光輝的物體，以及發熱的物體。

這個部位，是在表示我們人類，身為萬物之靈的最大特徵，亦即觀察力、判斷力、推理力的智能。

而根據這種智能所產生的學問、知識、文明、文化等，是表示主宰人們成功、名譽、名聲、人望等的部位。

同時，也表示藝術式的感情，豐富美感、感受性的敏銳，以及優秀性。

因此，這個部位，如果是良相，就能使一個人的智能活動活潑，使一個人的努力奏效，並且能獲得發明、發現等成果，同時，取得名譽、名聲以及信用。

尤其是從事有關藝術、藝能職業的人，如果在這個部位，發生缺陷，不論是如何的努力，也無法獲得成果，而容易成為不能出人頭地的結局。

即使是普通的一般人，這個部位如果不是完壁，就不容易獲得長上的信用，甚至還會喪失了同事的信賴感，而演變成懷才不遇的境地。

同時，在企畫與立案上，容易發生遺漏等欠缺完備的情事，因此，以前的努力大都會功虧一簣，或者對事物缺乏繼續努力的決心。

結果心情容易轉換，即使絞盡腦汁地竭盡心力，但是，也鮮少獲得回饋。

這個部位，還關係到證券、股票、契約書、委任狀等重要文件與書籍。

如果變為良相，表示文件的完整性，契約等得以平安的成立，如果在這個部位上，產生某種缺陷時，就會因為某種預期不到的過失，而變成必須擔負起重大的責任，或者由於文件的失誤等，而容易蒙受致命性的損失。

又，費盡心血所獲得的古董書畫等美術品，也可能會引起贗品混淆，或燒失污損等事故。

在最重要的人際關係上，也會因虛榮心的作祟，缺乏圓通之心，與周圍的人們相處不和睦，同時，這種情形會高昂化，變成爭論或者斷絕往來。

這個部位的缺陷，在健康方面，就會容易罹患近視、亂視、色盲等眼睛方面的疾患。心臟病，或發高燒等各種病症以及日射病、火傷等。另外，也需要注意乳房的腫痛、乳癌、食慾不振、便秘等。

由於這種部位的作用，有時也會產生精神病，火氣上升，歇斯底里等病症。

## 家庭部愛情位　易象・☷坤（地）

○自然的象意　地、鄉下、田園、農村

○時間　晚夏、初秋、午後三時左右。

○方位　西南方四十五度。

**○人事**　妻、母、老婆、親戚、庶民、順從、勤務、慈愛、養育、溫厚、利欲。

**○身體**　胃腸、皮膚、肌肉、過度疲勞、肩酸。

**○數意**　「五」「十」。

這個部位，是以「大地」為象徵。

雖然說是大地，指的也是肥沃大地、和平大地。是指享受太陽的光和熱，產生了一切的萬物，來加以育成，使其伸長發展的母之大地。

大地是包藏萬物，載萬物。雖在低處，卻滿足於它的地位，作為一切事物的支持，來完成其機能。

如果沒有大地，任何生物都無法生長、發展。可是，大地的存在卻也經常容易讓人遺忘。

就如大地是萬物的故鄉般的這個部位，是用來表示一個家庭。同時，由於大地所具有的慈育力量，還擴及愛情與勤勞之面。

因此，這個部位良相，即表示家庭安寧、幸福、家人的和諧，團結等和平意味。

如果以人類來比喻，是指妻子與母親，專心於家務，不僅對丈夫順從、貞淑，而且對於子女的養育工作，毫不怠慢，實堪稱為一賢妻良母，能成為外出工作的丈夫之後盾，並以萬全的準備來保守家庭。

可是如果這個部位有缺陷，妻子就會置家庭於不顧，逕自外出玩樂，對丈夫，不但會口出暴言，同時，還會予以抵抗。

由於缺乏耐心，嫌惡家事與勞動，所以，家中零亂不堪。

家計不斷地會出現赤字，而逐漸面臨窮困之地，不要說養育子女了，就連家庭中所應具有的舒鬆、溫馨與安寧的氣氛也無法享受得到。

這種情況也會影響到丈夫與子女。丈夫會失去工作的意欲，怠於勤務，缺乏耐心，任何事都無法有始有終。同時，還會喪失決斷力、勇氣，以及積極性的意欲，因此，不僅在家計上呈現窘困，而且家運也會衰頹。

由於以上的含意，特別對薪水階級的職員而言，這個部位具有非常重要的地位。

雖然不休止的工作，經濟也不見寬裕，永遠陷於貧困之地，即使是稍微有了起色，而鬆了一口氣，但是，這也只是一時性的事，沒有多久，家庭中就會因為預期不到的開支，而用盡了所有的積蓄。或者會由於娘家發生事件而喪財。

不僅如此，費盡千辛萬苦所掙得的房子，也會因糾紛，而蒙受損失。

在健康方面，特別是妻子和母親，會經常上醫院就醫。同時，無論男女，都容易罹患所有消化器系統的疾患，食慾不振、胃癌、失眠症、精氣虛脫，過度疲勞，以及其它的皮膚疾患。

## 福分部福祿位　易象・☱兌（澤）

○**自然的象意**　澤、谷、泉、濕、地、河邊。

○**時間**　盛秋。黃昏。

○**方位**　西方四十五度。

○**人事**　少女、藝人、講話、快樂、笑、戀愛、飲食、娛樂、口禍、明言、金色。

○**身體**　口、舌、咽喉、牙齒、肺、腎臟、女性生殖器官。

○**數意**　「四」「九」。

這個部位是以「澤」為象徵。是山與山之間，谷川流動的地方。澤是肥沃山土流來而蓄存、堆積，由於水氣的滋潤，能夠促進草木的茂盛。繁茂的草木，能開花、結果，鳥獸會麇集至此，成為十分熱鬧的休憩理想鄉。同時，不會受強風或寒風的吹襲，陽光和煦，居住起來十分舒適，再加上笑聲不絕，實在可以說是一處世外桃源。

這個部位，是在表示關於我們人類一切福分的部位。如果換句話說，福分就是高興、喜悅。亦即金錢上的喜悅、飲食的喜悅、娛樂的喜悅、繁榮的喜悅，以及性方面的喜悅。

如果這個部位是良相時，最大的特徵是，在金錢上會很富足。雖然支出頗鉅，但是，也不曾有所匱乏。品嚐山珍海味的興趣、休閒的遊樂和旅行的樂趣，也永不絕。而且和異性能展開快樂的交際，性的喜悅也會更為提高，而變得豐富充實。

可是，當這個部位有缺陷時，首先，在經濟上會很拮据，過去，一向十分寬裕的家計，就會自然地出現赤字，和家人一塊兒進餐，也不會感到快樂，在飲食中，經常會為一些瑣細的事，而爭論吵鬧。

娛樂時，也會忘掉了娛樂應有的精神，情不自禁地過於熱衷，而容易脫出自己的本分。在遊樂場所，與他人爭吵的結果，有時甚至會引起傷害事件。

在異性關係上，也容易踏錯腳步，和無謂的對象交往，結果徒浪費了時間與金錢。又，用盡心思，即將與對方步入禮堂時，可能會因第三者的介入，而導致解除婚約。

說出自以為是奉承的話時，也許會激怒了對方，而斷絕了深厚的友誼。

在健康方面，是從暴飲暴食而來的障礙，口、牙齒、舌、咽喉的疾患，也會因過度的耽迷於遊樂而受傷。

雖然，也需要注意胸部的疾患，但是，生理不順、性病、壞血症、腎臟病等疾患，也有發生的可能性。

## 統率部蓄積位　易象・☰乾（天）

○**自然的象意**　天、空、太陽、熱、藍天、冰水。

○**時間**　晚秋。上午九時左右。

○**方位**　西北方四十五度。

○**人事**　夫、父、君子、尊長、管理者、支配者、負責人、剛健、創始、支配。

○**身體**　頭、肺、骨、心臟、疙瘩、血壓。

○**數意**　「四」「九」。

這個部位，是以「天」為象徵。

家庭部是「地」，這是對於地的天，是太陽，在一家是相當於主人。

天和太陽都是無限大，高、尊貴，而且健全。自悠遠的古代起，就無休止的在運動，地上的萬物，無不受太陽的恩惠而生存。

天的運行，是完全旭日東昇，夕陽西沈，讓春、夏、秋、冬四季的循環變遷有規則的活動。

這種力量非常的巨大，沒有任何東西可以抗拒。太陽具有統率與支配的含意，也是基於這個原故。

如前所述，這個部位的吉凶，是具有凌駕於名譽部之上的重要意味。名譽的根據充實，原因也在此。

如果這種統率都為良相時，就意味著這家主人權威與力量的充實。

這種權威與力量的充實，同時也能使家庭全員幸福，並促進家運的發展。

以個人來說，這是產生正大光明的希望和理想之部位。而且也是產生積極性活動的精力的部位。

統率部為良相的印章，能培養一個人無限的活動力，產生勇往直前的勇氣與活力。

隨時率領很多人，擔任重責大任的人，這個部位更應該是良相了。

但是，這個部位有某種缺陷時，權威不但會喪失，統率力也會因此而缺乏。不論如何盡心地擬定偉大的目標來從事某件工作，也會半途而廢。因為缺少統率力，喪失活動力之故，也容易濫用權力，或變得傲慢、專橫。

由於過於自信而攻擊非難他人，在人際關係上缺乏圓通性，同時，也容易引起爭端，被社會屏棄，而陷於煢獨無鄰的困境。

除此之外，也會產生自大妄想的行逕，而作出無謂的努力，或者從事於能力所不及的工作，而演變成徒勞無功的結局。

由於這些失敗，而遭致尊長與上司的唾棄，使陞遷無望。這種惡循環，使得自己更厭煩於工作，自暴自棄的結果，終於嚐到了轉落的悲哀。

在健康方面，是會罹患發高燒的各種病症，頭部的疾病，或者受傷、肺部的疾患、心臟的故障等，必須特別加以注意。

另外，因為精神的過度疲勞，而產生的神經衰弱、高血壓，以及交通事故、傷害事故等，也不能不細心思考，多加注意。

## 子孫、部下部、住居位　易象・☵坎（水）

○**自然的象意**　水、穴、川、海、雨的災害。

○**時間**　隆冬。凌晨零時左右。

○**方位**　北方四十五度。

○**人事**　次子、部下、子孫、交際、智者、病人、貧者、犯罪者、苦勞、隱藏秘密、耽溺。

○**身體**　腎臟、膀胱、生殖器、肛門、耳、血液、失眠症、精氣虛脫、貧血。

○**數意**　「一」「六」。

這個部位是以「水」為象徵。

這種水，是培育地球上的萬物所不可或缺的物質，這是眾所周知的事。

水和大地，可說是我們的故鄉。如果從命運學的專門性觀點而言，這個部位是和家庭都同樣具有大地的含意。

這個部位，意味著子孫，意味著部下，正是因為這個緣故。

又，水能意味交際，是因為水能從方圓之器，水具有適應於任何境遇的柔軟性質。

水是從天變成降雨，達到地面後，經過樹葉、樹木、根間，不久就變成谷川、急流、瀑布，向著低處，通過無數的困難關卡，不斷地流動。

如果將其比喻為人類，就是所謂的流浪，或者困難的事、苦勞。在這部位隱藏有病症、困難的含意，原因也在於此。

因此，這個部位為良相時，首先就能舉出可擁有好的子孫。擁有值得受他人稱羨的子孫，這些子孫可順利的成長，當然是一件非常可喜的事。

如果在管理職的身份時，就會有良好的部下運。擁有好的部下，也就等於是擁有得力的助手。命令的傳達得以順利，工作順調，確實發展等，都是由這部位的良相所帶來的。

同時，在人際關係上非常的圓通，這點不管是直接或間接，在工作崗位上或健康方面上，都會有所幫助。

可是，如果這個部位有了缺陷，就不容易有後代。就算是有了後代，也會在幼年時，由於病症或意外事故而夭折，即使得以成長，也會變成一個不良少年，而種下煩憂之因。

部下會離反，在背後中傷，無視命令和指示，這種情形，會讓人以為是因自己監督不周。

人際關係也無法圓融，偶爾以為自己很圓滑，可是，對方卻往往是個不足以信賴的人，或者無惡不作的歹徒，所以，最後會因對方而蒙受損失，和自己的努力成為反比，因交際而招致了損失。

不僅如此，還會經常生病，同時遭遇盜難，以及災害。

在健康方面，必須注意腎臟、膀胱等泌尿器系統、生殖器的疾患、血液病、子宮、卵巢、肛門等，或者水害，藥物中毒等病災。

## 改革部家族位　易象・☶艮（山）

○**自然的象意**　水、高原、岩石、陰天、氣候變換的時期。

○**時間**　晚冬、初春。上午三時左右。

○**方位**　東北方四十五度。

○**人事**　三子、繼承人、親戚、篤實、頑固、保守的、改革、肥滿、頑固、後繼者。

**○身體**　關節、脊椎、背、肩、腰、左足。

**○數意**　「五」「十」。

這個部位是以「山」為象徵。

山是以毅然的態度，向著天高高豎立，同時穩定的靜止不動。山並不只是忽然隆起的情形。山在內部貯藏著各種資源，可育成貴重的樹木。這裡是鳥獸聚集棲息之地，也是家、休息與停止的地方。

山，如果換句話說，是在地球上的頂點，也是能到達的最高地方。但是，這種頂上並不是意味著極限，是成為如果到達這個頂點，接著就會下降，而變成下個山峰頂的出發點。

由於這些含意，所以這個部位具有靜止、蓄積，以及轉移到下個階段的變化、改革等意味。

因此，當這個部位為良相時，在家庭來說，就會擁有優秀的繼承者。自己努力所建立的財產、名譽、信用等，不致化於烏有，能獲得可好好繼承，保守的可靠繼承者。

關於財產，也能以不動產的安定型態來加以保持，這都是因為這個部位所帶來的吉運。

斷然拋棄沒有助益的舊弊而面向輝煌新天地，踏出意欲性的第一步，同時也開始了這個部位的作用。

如果這個部位有缺陷時，不論做任何事，都會被過去不好的姻緣所跟隨，無法充分活躍，而容易遭遇到貧窮的境遇。

雖然竭盡心力，努力不懈，但始終沒有出人頭地的一天，永遠為貧窮所困。雖然力圖改善，可是反而會招致反效果，而終日悲嘆自身的不幸。

就算有了後代，也不會照顧家庭，無視家業，反抗父母，採取任性的行動。

原以為獲得了繼承人，可是，也會因為突發事件而喪失，回復了原來的狀態，而必須再度東山再起，這完全是因為這個部位的凶相作用。

經過長年累月的努力，好不容易才獲得的不動產，也因為價格不斷地降低，使長年的夢與努力成為泡影。或者由於發生了預期不到的事故，不得不作最壞的打算與處置，而面臨惡劣的境遇。

在健康方面，肩部和腰部的疼痛，會顯著地呈現。

同時，也要小心半身不遂、手腳不自由等情況。另外，更需警戒的是相撞、毆打、轉落的事故等，所以，登山及高處必須特別注意。

## 發展部希望位　易象・☳震（雷）

**○自然的象意**　雷、雷鳴、地震、噴火、聲音、幼芽、幼木、生木。

**○時間**　春。黎明、早晨。

**○方位**　東方四十五度。

**○人事**　長子、青年、奮勵、活動、前進、憤怒、聲音、運動、驚嚇、輕拳、呻吟。

**○身體**　足、肝臟、神經、歇斯底里、發狂。

**○數意**　「三」「八」。

這個部位，是以「雷」為象徵。

雷，並非只是在天上響鳴。有一句話叫做「春雷」，同樣地，雷也是春天的象徵，雷響鳴後，春天才會來臨。而且雷會震動，這種震動，是春天所隱藏的各種自然現象中，最根源性的現象。

草木的幼芽和幼樹的成長，是由於雷鳴，天地大氣震動，才開始成長。如果沒有天地的震動，就沒有春天氣息的覺醒。

樹芽從靜止的狀態，一齊震動成長，然後開花，在天地之間充滿著新鮮的氣息。

人類也處於青春期而震動不止。隨時都活潑的躍動，勇敢的繼續前進，身心得以強而有力的伸展。

這個部位之所以被認為是充滿發展與希望的部位，完全是因為具有以上的含意之故。

因此，如果這個部位是良相，不論任何事，都能以強力的精力，來造出進步發展的運氣。

年輕而精力性、情熱性的活動力，是各種事業與活動的根源，所以，對於抱有很大希望及目標的人們來說，這個部位是否良相，可說是非常重要的事。

勇氣、積極性，以及所謂明朗快活之內在面，也會得以充實。不會因為猶豫不決，而喪失了很好的機會，可以明快的克服各種障礙。

如果這個部位有缺陷時，就會喪失了年輕性，使活動力停止。雖然有東山再起的意欲，但是，行動力卻無法產生。

勇氣與責任感也會自然地消失，變成十分膽怯的鄉愿型人物。雖然正值壯年，可是卻已經產生了老化的現象。

話雖如此，有時卻反而會陷入自我過信，這是因為心中缺乏穩定感，個性變得十分急躁，而容易傾向於自以為是。因此，十分容易引起交通事故，必須特別警戒。

而且在人際關係中，會不分對象的引起爭吵與辯論，容易被人誤認是驕傲，不守秩序的人，而逐漸地受到疏遠。

只會說出一些誇大妄想的話，而不會付諸於行動，被認為光說不練，而受到他人的輕蔑，這些結果也都是因為這個部位的缺陷作用。

同時，時常會遭到驚愕的事，或者很容易被捲入糾紛之中。

在健康方面，必須注意肝臟、膽囊的疾患，由於精神高昂所引起的歇斯底里、火氣上升、精神異常等，同時，也要注意口疾、百日咳、哮喘、風濕痛，以及腳部的各種疾患。

## 信用部明智位　易象・☴巽（風）

○自然的象意　風、微風、颱風、成長的樹木。

○時間　晚春、初夏。上午九時左右。

**○方位**　東南方四十五度。

**○人事**　長女、從順的人、社交、照顧、優柔寡斷、結婚、繁忙、健忘。

**○身體**　支氣管、腸、食道、神經、動脈。

**○數意**　「三」「八」。

這個部位，是以「風」為象徵。

風的流動，雖然和水相同，但是，風並不一定會流到低處。只要是有縫隙，就會流入，碰到障礙物時，就會上下左右的迂迴，絕對不會去衝突、反抗。

雷是直進式的，但是，風始終都會採取和對方調和的流動。只要看熱風和冷風的流動，就能了解。冷、熱二種風，是互相交錯，保持著調和。

風的振作作用，能促進幼芽和幼樹的成長，培育成綠色茂密的嫩葉，把幼樹的樹幹或樹枝，形成很整齊的形態。

像這樣，能培育幼芽，把幼樹的形態整理成很優美的作用，所以，這個部位就意味著信用，同時，從風的從順性，認為是女性（長女），由於具有整齊的含意，而認為是結婚。

因此，這個部位如果是良相時，在社會上具有信用，生意興隆，同時還會有帶來家運隆盛的吉運。

尤其是對於從事於買賣、交易活動的人，這個部位的良相，可說是不可缺少的必須條件。

由於信用可靠，金錢上的流通，就會愈來愈圓滑，只需些微的努力，就能獲得很大的收穫。

由於和遠方的通信，自然接獲有益的交易，或者由於預期不到的第三者介紹，而獲得了始料未及的有力工作，這些都是根據這個部位的吉化作用。

如果是未婚女性，就能獲得十分美滿的良緣，進展順利，最後，終於在圓滿中踏進禮堂。

相反地，這個部位如果有缺陷時，長年辛苦所建立起來的作用，會毀於一旦，或者由於無謂的誤解，而被惡意的批評傷害到社會上的地位以及信用，或者容易變成收入兌減的事態。

又，自以為獲得了意外的佳運，而沾沾自喜，但也只不過是瞬間的事，在不知不覺中，就會無疾而終。由於信用的不足，在簽訂合約前，就會遭到取消。

至於姻緣時，原也高興是一良緣，但到頭來也只是空歡喜一場。由於介紹人的失誤，而發覺到中間橫阻極大的障礙，或者對方完全沒有這種意思。一段良緣，就會宛如一陣風般地消失。

由於有了前車之鑑，而從各方面加以調查，或者在猶豫不決之中，而被對方拒絕，平白喪失了一段美滿的良緣，諸如此類的事，可說是屢見不鮮。

另外，由於自己的誤解或錯覺，也容易將重要的事情遺忘，或者失去了貴重的物品。

在健康方面，需要注意支氣管、哮喘等呼吸器的疾患，以及全盤性的障礙，脫肛、肌肉病症、脫毛、禿頭等毛髮的病症，以及感冒、中風等。

## 根據天、人、地三才的判斷法

印面的範圍雖然很小，但是，在這個微小的面積上，卻能刻上一個人人格的象徵。

印面對一個人來說，可說是他的小世界、小天地。

我們的臉部，也象徵著一個人的一切，掌面也可說是同樣。

印面必定有上、下之分。上是「天」，是「陽」，下是「地」，是「陰」，當然是天地自然的原理。

在易書中有段「天地絪蘊，萬物化醇。男女精構，萬物化生」，是表示天之陽和地之陰。交錯融合，而產生萬物。

亦即，把印面三等分的上部，就是天，下部是地，而中間產生了「人」。這三個部位，在易學上稱之為「三才」。

要判斷印面時，就要同時觀察前章說明的根據「印面八方位」的吉凶，和根據這章所說明的「三才」的吉凶，方可正確地判斷。

下面將敘述三才所表示的吉凶含意。

## 〈天　位〉

這個部位，是主掌人類精神活動的「智慧」。

亦即，在印面三才中的天位，為良相時，就能帶來智能活動的活潑、積極性、優秀性，在智力比賽時，能獲得十分理想的成果。

在人際關係中，因為能重信義，公私分明，而且適當的具備俠義心，能受到同事們的信賴，可建築起堅實的名譽和地位。

但是，萬一這種天位的部分有某種缺陷時，精神就會缺乏安定，同時，也缺乏判斷力、推理力，而招致精神活動的貧弱。

如果是站在管理立場的人，就會逐漸地受部屬輕視，不僅無法順利完成他的職務，同時還會喪失了社會上的信用、地位，或者有損名譽的不祥之事。

又，被尊長或上司疏遠，而不能獲得提陞，無論如何的辛勤努力，也不會受到尊重，必須過著不平不滿的沈墜生活。

在健康方面，因用腦過度及衰弱所引起的神經衰弱、火氣上升、健忘等病症，同時，也必須注意眼病、心臟病等。

## 〈人位〉

在印面三才的部位，是表示一個人的意志、積極性的意欲，生活力是旺盛，還是薄弱。

人位部位為良相的印章，持有者不論年齡，都具有年輕而前進性的意志。不會輕率的一喜一憂或者迷惑，對於決定的目標，就會專心努力，傾注全力，最後終於能夠獲得成就。

就算前途產生某種困難，也絕不會氣餒、畏縮，而勇敢地加以克服。

但是，萬一這個部位有某種缺陷時，持有這種印章的人，就會完全喪失了自我意識，意志薄弱，只會隨聲應和，而缺乏責任感，所以，無法獲得他人的信賴。

不僅如此，還缺乏克服困難的耐久力，遭遇到一點點挫折，就萌生逃避之念，自暴自棄終歸毀滅。

有時也會和前者相反，過份固執己見，不理會自己所帶給他人的困擾與社會的影響，一切事情均以自己的意見為意見，剛愎自用，恣意行事。

因此，人際關係上會產生龜裂，不斷地發生爭論與失和的情事，最後，將為社會所不容，而遭遇到孤立無援的境地。

女性時，會失掉從順性，如果人位的重量過重，就會混亂了調和，具有這種印章的人，不但會喪失從順性，同時自我意識過於強烈，而無法保持和順。

在家中，會輕蔑丈夫，以自己的意見來行事，夫妻間勃谿時起，感情不睦。

與鄰居相處，經常會自以為是的來多管閒事，結果，往往因為干預了他人的私生活，而逐漸受到疏遠。

總之，不論男女，如果「人位」部分過重，而且「地位」的部分，有某種缺陷時，就無法獲得具體性以及圓滿的結果。

而且有時因為意志薄弱，或者冥頑不靈，無法取得良好的人際關係。出人頭地的意欲，雖然比別人強，但是，在經濟上卻難獲寬裕，同時，也容易受到社會上的冷眼看待，積壓日久，漸漸變得憤世嫉俗，而獨自過著寂寞的晚年。

這個「人位」的部位，對於「天位」的部位，是指少年、青年，而「人位」的部位，主要是在顯示中年、壯年運氣的部位。

在健康方面，不能忽視消化器系統的障礙。胃腸、脾臟、肝臟、膽囊、胰臟等疾患。

## 〈地　位〉

印面三才「地位」的部位，是在表示人類的情緒方面，以及有關家庭、子女、部下、經濟性等事項的運氣之吉凶。

因此，這個部位良相時，持有此印章的人，具有強烈的情操，人際關係也很圓滑，和周圍人們的交往，也能保持親密性。

家庭經狀況良好，沒有任何的不自由，家人之間亦和諧友好，可建立起一個美滿又快樂的家庭。

除此之外，也有好的子孫運，不會生病或遭遇災難，能得以順利的成長。擔任管理職的人們，能獲得資質聰穎、有能有為的部下，同心協力，能獲得佳績。

但是，萬一這個部位呈現出缺陷時，居住的不安、家庭的不和，以及家庭經濟的窘迫等情況，會顯著地呈現出來。

同時，會缺乏家庭的溫暖氣氛，丈夫會日漸遲歸，親子間會絕裂，甚至反目為仇，經濟狀況陷入窘困的狀態。

在血緣關係上，也會產生障礙，受到兄弟、親戚等所帶來的困擾，或者把很多的時間與精力，花費在照顧血緣上。

由於辛勤的工作，總算有了一點積蓄，正想喘口氣時，也會引起一連串意想不到的開銷，而再度面臨與貧困搏鬥的局面。

另外，前輩或部屬所犯下的錯誤與失敗，會直接或間接性的波及到自己，為了收拾殘局，而疲於奔命，結果損害到身體的健康，使本身最重要的任務，無法如期地去達成。

女性時，獻出了畢生的心力與情愛去照顧對方，可是卻會遭對方背叛，或者騙婚事件，蒙受心理與金錢上的嚴重損失。

即使是順利的結婚，也會因為丈夫的風流與懶惰習性，使得家計入不敷出，因此，不得不拚命的賺取外快，來貼補家用，終日陷於苦惱的淵藪之中。同時，不論男女，晚年都容易招致不幸。

在健康方面，特別要注意下半身的病症、腎臟、膀胱、尿道炎等泌尿器系統、子宮、卵巢等生殖器的障礙，或者白血病等血液病，以及痔瘡、下痢等。

※　　※　　※

以上將有關三才的吉凶作用，作了一番說明，但是，三才的吉凶是互相關連，並非只靠單獨的部位來判斷。例如，「地位」的部位沒有任何的缺陷，而「天位」的智慧部位有缺陷時，即使在感情方面很圓滿，可是也會因為缺少思慮而產生預期不到的困難，或者受到周遭太多的干涉，成為眾矢之的，使心情陷於低潮。

雖然分成天、人、地的三個部位，但是，並非要予以區別，再來加以判斷，而是相互具有緊密的關連。

# 第三章　印章的知識

# 印章的名稱

眾所周知，印章的名稱，可分為印、印章、印鑑等各種稱法，這是因為根據時代或使用者的身份、用途等，而有所不同。

印章的歷史由來已久，所以，在每個時代都有各種的名稱，在此，就將幾個較具歷史性的主要名稱說明如下。

## ●鉨

從周朝至春秋戰國，印章被稱為鉨。

朝廷及政府的印章，稱為官鉨，在此之外的印章，被稱為私鉨。同時，將這個時代的印章，總稱為古鉨。

## ●璽

秦朝的始皇帝統一天下，制定新的制度，把皇帝的印章，稱之為「璽」。

璽這個名稱，在秦朝之前的周朝也曾使用過，周禮上也有「貸賄時用璽節」。

## ●寶

這名稱是因為唐朝的則天武后討厭「璽」字，而開始使用的，也是只限用於天子的印章名稱。

**●寶璽**

天子印章的專稱，也稱為玉璽。

**●印**

印字左側的E，是爪，是主的含意，右側的卩，是節操、節儀、節度的「節」字的原字。

亦即用手來蓋印，表示自己的節操，以及誠、信之意，所以，當然也具有要作記號的意味。

**●章**

章，表示著表明形之含意。

在漢朝，把印文稱為「章」，因此，印章本身也就被稱為章了。

**●印鑑**

古時候，鏡是金屬性的物體，鑑與鏡同義，同時也含有模範之意。

本來，這名稱是為了要證明這個印章確實是為自己所有，而事先提出到機關或是交易的對方之印影（印章捺印的），但是，在今天印鑑的作用已和印章相同。

# 印材的種類

## 〈各種印材〉

印材亦即製作印章的材料，自古以來，所使用的種類就非常的多，每個時代，都有其嗜好與流行的趨勢，同時，根據使用目的、格式以及在製作技術、材料的容易獲得等，印材本身的選擇也不斷地有了改變。

話雖如此，可是在印材中也有從古代至現代，一貫繼續使用的印材，相反地，也有現代很少使用的印材，在此，就概略地說明曾經作為印章的材料，而被人們所使用的物質。

印材，可區分為如下五種類。

(1)金屬系印材

(2)礦物系印材

(3)陶磁系印材
(4)動物系印材
(5)植物系印材
以下，將各種類的印材，作一簡略說明。

## 〈金屬系印材〉

**銅**＝以銅作為印材來使用，是始於古代殷、周時代，被認為用鑄造所製成的鑄銅印，就是其開端。

**金**、**銀**＝自古以來，比銅更尊貴的貴金屬金，比銅不容易氧化，具備有容易鑄造的優點，但是，由於價錢昂貴，所以，使用範圍並不廣泛，僅只限用於特別的印章。

例如，根據漢朝的印章制度，黃金是作為天子的印材來使用，但是，皇太子、王侯、丞相、將軍等，也被允許使用金製的印章，同時，高級官員是由天子來授予銀製的印章。

**鐵**＝用鐵來作為印材的歷史，也相當的悠久，一般認為是始於漢朝時代。

鐵的印材，在外觀上欠理想，容易受到腐蝕，是其缺點。所以，很少作為正規的印章來使用。

## 〈礦物系印材〉

**玉**＝所謂的玉，就是寶石，例如翡翠等。

自古以來，玉和金、銀等，都受到人們的珍視，是高貴的象徵，使用玉來作印材，僅限於天子的印章。

因此，別說是一般人，就連王侯、將軍等人，也不得使用。

**瑪瑙**＝瑪瑙也是寶石的一種，但硬度很高，不容易篆刻，因此，不甚普遍，只受少數人的偏愛。

**水晶**＝水晶和瑪瑙具有相同的硬度，但是，由於生產比較豐富，所以，作為實用印，相當的廣泛。

以其實用性來和其它的印材作一比較，由於缺少潤滑性，較不具有雅趣，這是其一大缺點。

### 〈陶磁系印材〉

所謂陶磁系印材，是指作為土器和磚瓦等原料之硬的黏土，或者作為陶磁器的原料之陶土。

選擇黏土及陶土，燒後就能增加其硬度，從原始時代開始，就作為土器等，廣泛地被加以利用，這些就成為陶印、磁印印章的材料而使用。

一般認為，在唐、宋時代時，就成為私印而開始使用，但是，因為和其它的印材不同，具有十分顯著的雅趣之風，所以，相當受到文人與墨客們的喜愛。

### 〈動物系列印材〉

**象牙**‖是現代最受一般人仕愛用的高級印材，但是，在古時，都是以金、銀、銅等金屬系統的印材為主，象牙並非正印材。

象牙作為印材，而受到廣泛的使用，是後唐朝以後開始，俸祿在四百石以下的諸侯，都擁有象牙的印章。

象牙工藝最為盛行，是在大象棲息地的印度，一般認為，是從西元一世紀時，就移入中國。目前象牙已成管制品，不可觸法。

**水牛的角**＝除了象牙之外，水牛角也是目前最常使用的印材。作為印材的水牛角，有白水牛角和黑水牛角兩種牛角。

**犀角**＝犀牛是棲息於非洲的動物，但是，在商、周時代，就已有了這種動物。可是，由於容易裂開，所以，很少用來作為印材。

**〈植物系印材〉**

**黃楊**＝黃楊是一種成長在溫暖地帶的長青樹，從元、明時代，就被作為印材使用，直到目前為止，也被作為一般性的印材，而廣泛地受到愛用。

黃楊的木質非常緻密，觸感潤滑，硬度適宜、堅固，作為植物系的印材最為適合。一般認為，愈重的黃楊，材質愈好。

## 各種用途別的印章

印章的種類若加以大別，那麼，以古代的形式而言，是皇帝御璽、丞相官印、將軍司令、諸國印等。如果以現代的說法，那就是總統、院長的印、各階級的首長印，公司的印章、團體印章等所謂的「官公印」，以及專供個人所使用的「私印」兩種。

同時，也可以根據印文的形式來分類。例如，姓名印、雅號印，或者根據用途的特殊性，分類為收藏印、書簡印等，下面將說明和現代人生活有著密切關係的實用性印。

## 〈根據印文，雅趣等種類和姓名印〉

所謂姓名印，是雕刻了一個人姓和名的印章。由於個人所持用的印章是此人人格的象徵，所以，雕刻上姓和名的印章，才算是正統。

現在，社會上一般所使用的印章，通常都是這種姓名印。尤其是印鑑或銀行用印等重要印章，大都是使用姓名印。

在古時候，姓名印的印面，都是以方形為原則，形態與大小，都是根據時代的變遷，而有多種的改變。

同時，不僅只是雕刻了姓和名，根據姓名的字數，也有在下面加上「印」、「之印」、「私印」、「信印」等文字，在印文的配列上著實下了一番工夫。

● **別號印**

古時的學者、文人、畫家、書法家們，除了真實姓名外，都喜歡使用風流的雅號。雕刻這種雅號的印章，就叫作「別號印」。蓋上了這種「別號印」，就可作為自己著作的證明。

今天，許多藝術家們，仍然沿襲著這種風雅的習慣，但是，一般的年輕人都不使用別號印，只流行使用真實的姓名印章。

別號印，除了雅號、簽名之外，還含有皈依佛門的僧侶用道號等，這種風習，是始於唐朝，盛行於宋、元朝。

別號印的印文，主要是雕刻一個人的雅號，但是，也有在雅號之下加上山人、道人、散人、主人、隱士、道士、學人、居士、逸士等文字的例子。

● **堂號印**

古時的文人、畫家、風流之士等等，在自己的居所、書齋、茶室，也加上了雅號，並將這種號名雕刻成印章。一般稱之為「堂號印」。

如前所述，別號印是始於唐朝，盛行於宋朝，接著也逐漸變成使用堂號印，不久，使用堂號印已成為文雅之士的一種習慣。

與別號印的情形相同，在雅號名稱之下，附加堂、室、居、館、閣、莊、亭、庵、廬、樓、軒、園、山房、草堂、書房、書屋等字。

## ●收藏印、藏書印

所謂的收藏印，是指擁有某種東西，收藏者，或者表示機關、團體名的印章。使用於圖書類的所有、所藏，此即藏書印。

開始使用收藏印的印章，是唐朝時的太宗，接著為白樂天的「長恨歌」中所描寫的玄宗。

藏書印的使用，是始於宋太祖，然後，逐漸地普及起來。

收藏印與藏書印上，通常也都加以收藏、所藏、珍藏、秘藏、藏書、圖書、文庫、圖書記、藏書記等的字句。

在這些字句之上，如果是個人使用時，當然要冠上所有者的姓名與雅號。

其它印章的情形，雖然也大致雷同，但是，由於藏書印，通常都代表了一個人的品味與風格，所以，藏書印不只是表示所有權，也可以察覺這本書和所有者，其內在性的關連。

收藏印之一的燒印，別名為烙印。

燒印，是雕刻各自的姓名、家號、商號或徽章等，特定的記號之金屬性凸印，用火加熱，再蓋在木製的器物上，來表示印面。

## ●書簡印、封印、地址印

書簡印是古時所實行的規則之一，在書簡的末尾記載姓名，然後在下面蓋上印章。

通常被認為是蓋在信封口的印章有「封」、「封緘」、「完封」，也叫封緘印。

和封緘印式微的情形正好相反，把地址和公司行號名稱平衡雕刻的「地址印」。

這種使用方便的地址印，之所以會大行其道，完全歸功於整日辛勤忙碌的現代人，所帶來的創意。所以說，是任何事都要迅速正確去完成的一種合理主義的表現。

不論是封緘印，或者地址印，大部分都是使用橡皮章，很少有使用本來的印材來篆刻。

## ●詞句印

所謂的詞句印，是把一個人所喜好的文字或語句，雕刻出來的印章。

自古以來，中國即被稱之為文字之國，因此，許多人都把自己所偏愛的吉祥文字與吉慶的語句，篆刻成印文，作為自己的座右銘。

一般認為，這種風潮於周朝時就已存在，到了秦、漢時代大肆盛行，並受到一般人的喜愛。

在漢朝時，印章之中也有人把姓名和吉慶語句，刻在不同的印面上，這就是所謂的二面印。

在明朝末期時，這種詞句印仍然非常流行，並廣受文人墨客之喜愛。作為詞句印的印文之例，可以舉出，「色即是空」、「花紅柳綠」、「初心不可忘」、「閒雲野鶴」、「獨樂」等等，由於本來就是趣味性的印章，所以，形式也非常自由，印面的形態也有正方形、長方形、圓形、橢圓形等多彩多姿。

### ●落　款

在書法或繪畫上，有作者的蓋印，這都稱之為落款。

所謂落款，是把「落成款識」予以省略，可說是作者完成此書、畫的認證印章。款識的字義，古代時古銅器上雕刻，叫作「款」。也就是說，款字是刻入的含意，至於「識」，則是具有記載書寫的意味。

自古以來，作為落款的規則，都使用三枚的印章。亦即㈠引首印，㈡款印，㈢識印等三種。

引首印，是蓋在書畫右上角的長方形印。

引首印的印文，可依各人所喜愛的詞句、語句、吉慶語等而定，並沒有硬性的規定。

款印，即一般所謂的白文（印影成為白色的文字），所以，印文是雕刻成凹版型。

識印和款印相反，是一種朱文。朱文就是現在一般人所使用的蓋印樣式，使用印泥來蓋的印章，印文是雕刻成凸版型。

像這樣，款印是白文，識印是朱文，所以說具有一定的規則。

而引首印時，就沒有這種規定，不管是白文或者朱文，都可以使用。

款印和識印，是在書、畫的左下適當位置，把款印蓋在上面，識印蓋在下面。

款印和識印所使用的印文，也是要使用各自的姓名、雅號等。

如前所述，落款要使用三枚印章。但是，這也只是一般性的原則。

因為書法及繪畫的構圖、色彩等，都有其獨特的特徵。有時必需只使用二枚的落款。如果只需要用一枚時，通常都是用於款印。

落款在雅印中，最具有雅印的條件，如果使用粗糙的落款，即使是一幅有名的字畫，也會減少了其特有的價值感。

印材主要是使用石材、竹材、黃楊等，至於要使用那種印材，可依各人的喜好而定。

使用落款的人之中，也有不少人花腦筋，思索創意，斟酌印材自己來雕刻。

像這樣擁有個人風格與個性的印章雕刻法，雖然意義深遠且貴重，可是，篆刻法必需要具有特別的技術與知識，所以，在雕刻落款時，最好是指定印文的配置，以及印文、印材等，委予值得信賴的印相家來雕刻，較無安全上的顧慮。

## ●畫像印

如果簡單說明的話，所謂的畫像中，是在印面上雕刻有畫像的印章。

但是，如果要說明的更詳細一點，就可以分為如下三種形式：

(1)只雕刻畫像的。

(2)在印文加上畫像，或者把印文畫像化。

(3)只在印面的外廓加上圖案化。

# 印章和文字

雕刻印章時，文字（印文）可說是形成印章最重要的要素，它不但是印章的一部份，同時也是印章的全部。換言之，沒有文字的印章，就不能算是印章。

在印章中，雖然也有只雕刻圖案或畫，但是，這只是使用於商標或徽章等特殊的情形，為了要規制一般社會生活所使用的印章，都刻有文字。

同時，如果不是刻有文字的印章，就不會產生法律上的效力。

印章是雕刻著使用者的姓名，而印章和持用人的命運，有著密不可分的關連，而這種命運，也和印章的所有者之姓名，有著密不可分的關連。

## 〈文字的發生〉

所謂文字，是將耳朵所能聽見的聲音，寫下來讓眼睛能夠看到。語言的聲音，在語言發生的剎那間就會消失，無法長時間或廣範圍的加以傳達。

文字便去除了只靠這種聲音傳達的缺點，使傳達在時間上與空間上，更為正確。

在今天，仍然有不少不具有文字的未開化民族。

這種事實，證明了文字是根據人類智慧的進步，和生活的社會化而發明。

如果探求存在於現今世界的文字起源，其原型是古代美索布達米亞的蘇美人，所發明的楔形文字、埃及人發明的埃及文字，以及漢民族所發明的漢字等三種文字。

楔形文字的發明，被推定為西元前三五〇〇年，可是，從西元前五〇〇〇年起，就逐漸衰退。

近代，出土了大量用特殊硬筆所雕刻的黏土板，而被認為世界最古老的文字，由於這種文字的線條像楔，所以，就被稱之為楔形文字。

古代埃及文字

埃及文字是羅馬字的祖先，被認為發生在西元前十四～十五世紀左右。

埃及文字在進化與單純化之後，就傳入了作為地中海域的海洋國家而逐漸發展的腓尼基人，於是發展成二十二個子音記號所成立的字母制文字。

接著，這種埃及文字（也稱為腓尼基文字）傳入希臘，而整理成表示二十四個母音子音的希臘文字。

今天的羅馬字，是相當於這種希臘文字系統之中的拉丁文字。

前述的楔形文字和這種古代埃及文字，以及在下一個項目將要敘述的漢字，都是從繪畫文字發展而來。

換句話說，所有的文字，都是從繪畫進化而來。

把自己的語言，作為文字的奇妙符號之前，紙張尚未很進步的古代人，開始嘗試把眼睛所能看到的事物用筆寫出它的形態，亦即用繪畫來表現。當然，是盡量單純化的線條。

可是，不管是如何的單純化，也需要有某種程度的手續，為了減少這種手續的欲求，更加增強其單純化，而終於達成了文字。

其經路，自然相通於漢字，從楷書轉化為行書，然後再轉為草書的原理。

總而言之，像這樣從繪畫文字發展而來的文字，由於是由有形物造出，所以，就被稱之為「象形文字」。

## 〈漢字的發達〉

關於漢字的起源，大約在四七〇〇年前，為黃帝的史官倉頡所創製。今天，以最古老的形態而殘留下來的，是發掘自商朝國都的殷墟。這些雕刻在龜甲或獸骨的文字，被稱之為甲骨文字，或者契文。

雕刻這種文字的時間，被推定為西元前一五〇〇年左右。

由於這種殷墟文字，最早是鑄在周朝時代的銅器上，所以，又被稱為金文。

金文因為是發現自鑄入於鐘或鼎的銘文中，所以，金文也叫做鐘鼎文，這是繼承了殷墟文字的系統，成為更具線條化的文字。

可是，當西方的秦國興起，便出現了繼承金文系統的文字。亦即，現在被稱為石鼓文的文字，同時，被稱之為大篆的文字，也被認為是屬於金文的系統。

西元前二四六年，就任帝位的秦始皇，在統一天下的同時，也全面實施行政改革，另外，始皇帝也著手於文字的統一與文字形態的整理，並且還制定新字體。也就是將大篆改為小篆。

這種小篆，就是所謂的篆書。如眾所周知，篆書是作為今天雕刻在印章文字的書體最為廣泛採用的書體。

以上文字，都是作為鐘或鼎等銅器及碑文的文字來使用，雖然是正式的文字，但是並非實用性的文字，只可說是裝飾性的文字。

秦朝時，罪犯程邈在牢獄中，花費了十年的時間，創作出實用、方便且美麗的文字。

這些字體，深受始皇帝的喜愛，於是便赦免了程邈的罪。後來，這些文字就普及於全天下。

此即被稱為隸書的書體。隸書此名稱的由來，是出於隸屬於秦朝篆書的這種含意。

從漢朝進入了宋朝，到了末期時，就根據這種隸書而造出了楷書。到了唐朝時，楷書就固定化，同時，一直傳承到現今社會。

另一方面，在進入這種楷書之前，也出現了把篆書成隸書，改為容易書寫的草書、行書，同時，這種書體也依然繼承至今日。

在中國，除了以上所陳述的文字外，自古就使用了一種叫做略字的文字。這是用於民間的非公式文中，從宋朝以後，就出現在木版本。

這種略字，其目的並非要簡略雕刻的手續，而是要節省書寫的勞力，因此，就被稱為簡體字。

## 〈漢字的構成〉

追究漢字的起源或變遷的學問，叫做「說文學」。

據說，是由於後漢的許慎，著作了「說文解字」，才有了這種名稱。

這種「說文解字」，是把漢字的構成和使用法，分類成六種來加以解說。這種分類法，叫做「六書」或者「六義」，直到現在，也因為它所具有的機能性，而被大眾所利用。

「六書」，是把所有的漢字，分類為象形、指示、會意、形聲、轉注、假借。

### (1)象　形

根據象徵事物形象的畫，而造出的文字。

例如，左邊的日、月、山、川、木等形態的文字，以此為基本，造出了其它的指事、會意、形聲等文字。

＝日　＝月　＝山　＝川　＝木

### ⑵指　事

為了描寫不能成為畫的抽象性內容或含意等，增減點或畫，所造出來的文字。例如，一、二、三及上、中、下等，根據象形所成立的木之下部，加上一，就是根本的「本」，木的上部再加一，就是本末的「末」。「夕」是從月亮的月字，減少一畫，表示月亮開始上升的時候

### ⑶會　意

把二個文字合起，或者把二個字以上連合，所合成的字，就是會意。

○把二個以上的相同文字，組合成為一個文字的例子。

**林**……由於木與木並立，而成為林。

**炎**……由於火與火重疊，而成為炎。

**轟**……由於車輛集中，而造成車輪的響鳴。

**森**……由於木的集中，而成為森。

○把二個不同文字，組合成一個文字的例子。

位……人站立的地方，為位置，亦即成為位。
明……日和月在一起，變得十分明亮。
苗……田中之草的含意，即為苗。
信……人的言行必需要誠，所以，成為「信」。
○把二個文字組合起來，並把其中一邊省略的例子。
勞……以自己的力量來經營工作之意，營組合了力，把呂省略掉，就成了「勞」。

## ⑷形　聲

所謂形聲文字，是將表示意義的部分，和發音的部分組合，所成立的文字。形聲文字在六書中，是主要的種類，在構成文學上，具有非常方便之處，佔有漢字總數大約八成至九成的數量。

例如，江、河、銅、胴、貓……等。

江……表示水之意的「氵」，組合了發音文字的「工」，而成為「江」。
銅……銅是赤金的發音，屬於金屬，所以，金組合了同的發音文字，而成為銅。

因此，如果右側的構造是同樣的字形時，也要用左側的部首來表示其意義，如是三，就是水，如為木旁，就是與樹木有關係的文字。

另外，作為形聲文字，兼備有會意之例的有「忘」這個字。

**忘**……在心字上，加上亡的發音之文字，同時，也具有亡失心的含意。

### ⑸轉　注

一個文字的本來含意，轉化或擴大成別的含意，或者轉用為其它讀法的文字，叫做轉注文字。

**樂**……音樂會使人快樂，於是就具有「樂」的含意，可是，由於發音為樂（ㄩㄝˋ），所以，就轉注為樂（ㄩㄝˋ）。

**好**……「女」和「子」字的含意。好的文字之本來含意是「善美」，因為善和美是大家都喜愛的原故，就轉用為愛好的好。

**度**……為尺度之含意，尺度是用來計量物體，所以，意義轉化而成為計量的度。

### ⑹假　借

如果沒有可以表示一件物體的適當文字時，就和文字的意義無關，借用其它同音的字來代替使用，此即假借的文字。

例如，亞美利加（美國）、德意志（德國）、澳斯大利亞（澳洲）等。

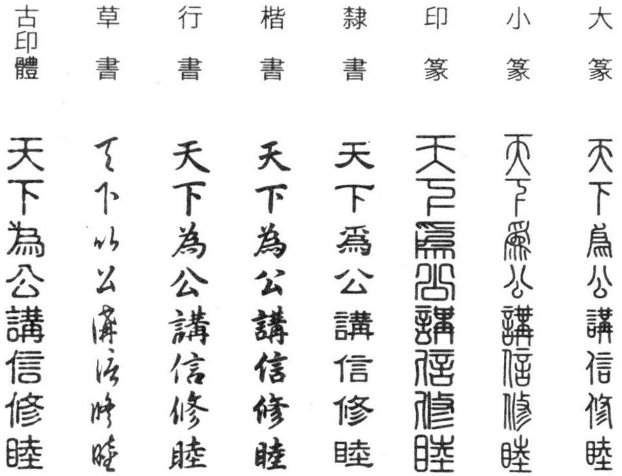


漢字的各種書體

※　※　※

以上之(1)～(4)，亦即象形、指意、會意、形聲，是由於漢字的構成，而(5)轉注，與(6)的假借，是漢字的應用法，成為關於轉用的分類。

## 〈漢字的書體〉

由於漢字具有數千年的悠久歷史，隨著時代的變遷，形態也產生了許多改變，而出現無數種書體。

作為書體，就是以大篆、小篆、隸書、楷書、行書、草書為代表，下面所陳述的，雖然也有重複前面所說過的，但是，必須要將這些書體，來重新予以列記。

## ●篆書——大篆

繼承了甲骨文字系統的金文，書體上並沒有發生很大的變化，但是，在西周末的宣王時代，一位名叫史籀的官吏，造出了一種籀文，後來，由於文字的數目，逐漸地增加，便產生了字書的必要。

因此，他所編纂的就是「大篆十五篇」，這種大篆，是字書的書名。

到了後世，「大篆十五篇」，被誤解為書體之意。亦即所謂的大篆，成為古文或籀文。

秦始皇制霸天下後，也著手於文字的統一。為了對應於統一的方策，丞相李斯增補史籀所編纂的「大篆十五篇」。同時，把秦朝以前的數百年間所造出來的文字書體，整理組合，制定了新的書體。

這種書體，就被稱為小篆。大篆留下有相當多的象形文字之面影，由於這種原故，不但具有風雅之趣的一面，同時，也具有不易判讀之面。

## ●小　篆

比起大篆，小篆是富於符號化，比較容易判讀，同時也容易書寫。

到了這種小篆時，漢字就是經過了古文、大篆、小篆的三期，但是，今天所謂的「篆書」，是用於總稱這三種書體。

小篆所制定的時期是秦朝，所以，小篆也叫作「秦篆」。由於篆書的書體典雅、厚重，所以，通常都是使用於公文、銘題、鐘鼎、符璽等貴重而嚴肅的場合。

## ●隸　書

在篆書之後，便產生了實用性的隸書，它的經過，是由身陷囹圄的罪犯程邈所製作。

眾所周知，始皇帝統一文字的同時，也制定了度量衡的制度。這種度量衡的重量標準之權（分銅）、容量標準的量等，所刻的銘文及詔版，就是使用這種隸書體。

由此看來，叫做程邈的獄囚，在獄中所創作的隸書，也許也是以古貨幣的鑄文作為參改。這種秦朝時的隸書，就特別被稱為秦隸。

這種隸書，比起篆書更為簡明化，成為增加了實用上的方便性之字體。

漢朝時，大致都是使用這種隸書，但是，書體從以前的篆書體逐漸改變，而變成被稱為波磔的橫筆，字畫往右下降的字體。

八分。

前漢時代的這種漢隸或古隸，到了後漢時逐漸進步，後世的人就稱這種古隸為八分。

這種八分的稱呼，有人認為是產生了大致上還殘留的古篆之意的八分。

不管如何，漢字的書體，總算得以確定。這種隸書，在前漢、後漢的年代，便成為適用的文字，後來從這種八分，改稱為章草的新書體。

## ●楷 書

把八分和草書併合而成的隸書，就稱之為今隸，這種今隸到了隋、唐時代，就進化成為楷書。

楷書也叫做「真書」，古時是指書體的格式，為格調很正確的書體，為其本來的字義，但是，到了宋期以後，楷書這種名稱，就以書體名而被使用。

## ●行書、草書

另外，行書是由後漢的劉德昇所創始，書體介於楷書與草書的中間。

進入晉期，章草更為進化，而成為今草，這就是現在所使用的流美草書體。另外，也有一種叫作「古印體」的書體，這是日本使用於古印的獨自書體。

以上的楷書、行書、草書的三體，成為現在所使用的書體基本。

除了真書以外，楷書也叫做正書，是筆畫不經省略的方正書體，行書是為了使楷書變得容易書寫，而產生的文字。

草書是把行書更省略化，是一種為了要書寫更快速，而把隸書簡化的書體。

## 〈漢字的圖案化〉

成為產生金文母體的青銅器之製作，進入漢朝後，便日形減少，但是，卻另外確立了印刷，隨著進入周、秦朝，印章的使用盛行，於是便產生了為了印章所使用的特殊書體。

造形為能調和、容納在正方形輪廓中的模印篆，就是這種特殊的書體，把本來的文字形態，予以顯著的圖案化起來。

秦、漢時代，在營造宮殿之際，製作了多數的瓦當或瓦磚，在這也能看到把篆書巧妙地加以圖案化的文字。

這種瓦當，是排列在屋頂屋簷端的瓦。這種瓦的形狀為圓形或半圓形，因此，作為裝飾而雕刻的文字，就是瓦當文。

瓦當的大小，其直徑一般為十五～二十公分左右。

這種瓦當被面積較大的輪廓所圍住，從隆起成饅頭形的中心部，拉圓面四等分的複線，在這四區畫配置有羽、陽、萬、歲的四個字。

作為整個瓦當的造型，也很美妙，尤其是羽、陽、萬、歲的四個字，其典雅與柔美，深深吸引了每個人的心靈。

欣賞我國書法展示品的歐美人，無不讚嘆不已，就連看慣漢字的我們，對於這種瓦當的「羽陽萬歲」四個字，也能撩起繪畫性的美感。

漢瓦當的文字，雖然也有一、二個字的，但最常見的，是像「羽陽萬歲」般的「長樂未央」、「長樂萬歲」、「長生無極」、「千秋萬歲」、「延年益籌」、「富貴壽樂」等，祝福營造者的未來，而成為祈念的字彙。

## ●印　篆

能在中國的古璽印中看到這種書體，是篆書的一體，叫做印篆或繆篆。

繆是彎彎曲曲的含意，繆篆是把篆書彎曲，容納在方形輪廓中所印刻的文字之意。

印篆，除了文字線條的屈折以外，還可以把字畫作某種程度的增減、伸縮。並根據這種方法，來提高印面的調和與效果。

根據文字，有時還能把偏和旁，上下或左右轉換，來改變其構成。如此，就比前述的印篆情形，更接近於圖案。

除了以上幾種之外，歷代的印章，還有把前述文字和系列、性格分別的幾種書體。都可說是從文字發展的完全圖案，並各自充滿著獨特的藝術氣息。

**●鳥蟲書**

這是在漢印時的文字中，特別顯著的裝飾性文字，把點和畫，類似為鳥和蟲的形態來書寫。

作為印文之外，還被認為是從秦、漢時代，就作為一種變形書體，而被廣泛使用。不是純粹文字，也不是純粹的畫，換言之，如果成為純粹的文字，就不是一種適切的書體。

**●懸針篆**

這是種非常不尋常的書體，在魏、晉時代的私印經常可以看到。每個文字的縱畫，下垂很長，而且前端變成很尖細，這種形態就像把針懸垂段，所以，就被大家稱之為懸針篆。

**●九疊篆**

這是要在印面刻上筆畫很少的文字時，為了要產生多畫數的印象，必須整理印面，把筆畫橫向的重疊好幾摺，是圖案化很發達的印篆。

又，「疊」是具有「摺疊」的含意。

從漢朝以後，受到喜好華麗的風俗習慣影響，而成立了這種九疊篆的印章。

這種九疊篆，是作為官印，從宋、元時代，到明、清時代，大致都是使用這種書體。

# 印相學字畫數數法

印相學的文字畫數，具有極為奧秘的數理，因而發生強大的靈意，影響人的命運。相傳上古時代倉頡見鳥獸遠號之跡，知分理之可相別異，而創造文字書契。我國文字自選字以來，經過數千年的洗鍊，具美侖美奐和微妙的體系，皆本於自然造化的法則，含蘊奧妙的數理靈動，至今仍不能任意加減一點一畫。

文字係由「點」與「線」所構成，而一點與一線，就是啟示命運最單純的數理符號，印相學以文字的筆畫數理而測定人生命的否泰，所以印相的文字，其一點一畫，皆不可忽視苟且。

譬如「四」字，按字形雖是五畫，而其靈意則是四畫，「五」字雖是四畫，其靈動是五，所以「四」從四畫，「五」從五畫，同樣「七」、「八」、「十」畫，雖係二畫，但其靈意是「七」、「八」、「十」，所以各從「七」、「八」、「十」畫，而非二畫。

再如「江」字，按字形雖是六畫，但其字旁「氵」三點水，是水之意，要作水的四畫計算，所以「江」字要作七畫看，以其有七數的靈動。

㈠簡　字

簡體字，必須改為正體字，譬如：「宝貝」宝是寶的簡體字，姓名判斷上必須以正體字計算的。那麼，「気」是「氣」，「图」是「圖」，「国」是「國」，「区」是「區」，「灯」是「燈」，像這樣的一一改正，然後方可計算它的筆畫數。

㈡文字部首

扌（手），提手旁，以手字為四畫。例：打（6）挑（10）操（17）

忄（心），立心旁，以心字為四畫。例：恒（10）愉（13）憎（16）
氵（水），三點水，以水字為四畫。例：池（7）洪（10）海（11）
犭（犬），秉犬旁，以犬字為四畫。例：狩（10）狹（11）猶（13）
礻（示），半體旁，以示字為五畫。例：祉（9）祥（11）禎（14）
王（玉），玉字旁，以玉字為五畫。例：珠（11）理（12）瑞（14）
艹（艸），草字頭，以艸字為六畫。例：花（11）草（12）莊（13）
衤（衣），半衣旁，以衣字為六畫。例：被（11）袱（12）裕（13）
月（肉），肉字旁，以肉字為六畫。例：肺（10）脈（12）腦（15）
辶（辵），走馬旁，以辵字為七畫。例：近（11）送（13）遇（16）
阝（邑），右耳鈎，以邑字為七畫。例：郊（13）都（16）鄉（17）
阝（阜），左耳鈎，以阜字為八畫。例：限（14）陳（16）隊（17）

（**註**）以上係以文字歸類部首為準，如不歸列以上部首，則仍以形計算實有畫數，如「酒」字屬酉部，非「水」部，故仍為十畫，非十一畫，巡字屬「巛」部，非「辵」部，故仍為七畫，而非十畫，照此則可得印相學標準字畫數。

## (三)數　字

一～1畫、二～2畫、三～3畫、四～4畫、五～5畫、六～6畫、七～7畫、八～8畫、九～9畫、十～10畫、百～6畫、千～3畫。

## (四)畫數容易算誤的文字

五畫　世巧
六畫　臣亥印
七畫　成廷初巡卵
八畫　政函亞協武
九畫　泰表染致飛
十畫　育酒馬芽曹
十一畫　胡卿斌梁偉紫貫豚
十二畫　盛能傑淵壺黃博
十三畫　塚琴鼎祿裕路
十四畫　夢實華壽慈碧與賓
十五畫　養興寬廣賜郵
十六畫　燕龍錫龜導
十七畫　燦隆鄉鴻聯
十八畫　翼爵繡豐
十九畫　繩贊關蕭
二十畫　瓊犧露

# 印相姓名八十一數吉凶

一　畫　鴻圖大展，名譽得固，無遠弗屆，天地開泰。（吉）
二　畫　如萍飄動，搖搖欲墜，多遭苦難，混沌未定。（凶）
三　畫　進取之數，萬物成形，如意吉祥，百事如意。（吉）
四　畫　朔體凶變，苦難折磨，非有毅力，難望成功。（凶）
五　畫　陰陽和合，生意榮昌，名利雙收，福祿壽長。（吉）
六　畫　萬寶集門，天惠幸運，立志奮發，安穩餘慶。（吉）
七　畫　剛毅果斷，和氣致祥，排除萬難，必獲成功。（吉）
八　畫　意志剛堅，貫徹志望，勇往邁進，成功可期。（吉）
九　畫　興盡凶始，有才無命，雖具奇才，財利難望。（凶）
十　畫　萬事終局，暗淡無光，空費心力，陷於困苦。（凶）
十一畫　草木逢春，枝葉沾露，穩健著實，家運得挽。（吉）
十二畫　意志薄弱，孤立無援，外祥內苦，謀事難成。（凶）

十三畫　智略超群，天賦吉運，善用智慧，獲得大功。（吉）
十四畫　淪落天涯，事不如意，能戒虛飾，化凶解厄。（凶）
十五畫　福壽拱照，外得人和，大業成就，大吉興隆。（吉）
十六畫　能獲眾望，成就大業，名利雙收，富貴榮達。（吉）
十七畫　突破萬難，意志堅確，有貴人助，可獲成功。（吉）
十八畫　威望有勢，順利昌隆，宜養柔德，百事亨通。（吉）
十九畫　風雲蔽月，慎防虧空，內外不合，障礙重重。（凶）
二十畫　非業破運，歷盡艱難，焦心憂勞，進退失衡。（凶）
二十一畫　明月光照，先苦後甘，霜雪梅花，春來怒放。（吉）
二十二畫　秋草逢霜，志望受挫，憂愁怨苦，事不如意。（凶）
二十三畫　旭日東昇，威勢沖天，漸次進展，終成榮達。（吉）
二十四畫　富貴榮華，須靠自力，多用智謀，家門餘慶。（吉）
二十五畫　資惟英敏，欠缺人和，講信修睦，即可成功。（吉）
二十六畫　波瀾起伏，艱難纏身，奮勵努力，必可成功。（凶帶吉）
二十七畫　自我過強，易受非難，自省其身，可守成功。（吉帶凶）

二十八畫　肆無顧忌，難逃惡運，此數大凶，家族緣薄。（凶）
二十九畫　如龍得雲，青雲直上，任慾從事，弄巧成拙。（吉帶凶）
三　十　畫　吉凶參半，時利時敗，投機取巧，陷於孤境。（凶）
三十一畫　此數大吉，博得名利，漸進向上，榮華祥運。（吉）
三十二畫　池中之龍，風雲際會，一躍上天，大吉大利。（吉）
三十三畫　剛毅武斷，人和必失，如能慎始，家門昌隆。（吉）
三十四畫　劫禍不絕，終生困惑，此數大凶，萬事齟齬。（凶）
三十五畫　平和之兆，進退保守，消極安穩，成就普通。（吉）
三十六畫　波瀾重疊，浮沉窮困，動不如靜，有才無命。（凶）
三十七畫　溫和忠實，吉人天相，以德取望，權威顯達。（吉）
三十八畫　意志薄弱，利益難獲，藝界發展，可望成功。（凶帶吉）
三十九畫　雲開見月，幾分勞碌，光明坦途，福祿綿綿。（吉）
四　十　畫　缺乏德望，浮沉不定，謙讓處世，自獲天佑。（凶）
四十一畫　天賦吉運，德望兼備，不忘向上，前途無限。（吉）
四十二畫　缺乏專心，十九不成，專心進取，可獲成就。（吉帶凶）

四十三畫　雨夜之花，外祥內吉，確立意志，轉凶為吉。（凶）
四十四畫　諸事不遂，愁眉難展，雖用心計，亦招失敗。（凶）
四十五畫　順風揚帆，綠葉發枝，衝破難關，名揚四海。（吉）
四十六畫　羅網擊身，艱難重重，若無耐心，難望有成。（凶）
四十七畫　貴人合作，可成大業，衣食豐足，圓滿快樂。（吉）
四十八畫　有德且智，鶴立雞群，名利俱全，揚揚榮達。（吉）
四十九畫　趨吉則吉，遇凶則凶，惟靠謹慎，逢凶化吉。（凶）
五　十畫　吉凶互見，曇花之夢，凶中有吉，吉中有凶。（吉帶凶）
五十一畫　盛衰交加，浮沉不定，自重自處，可保平安。（吉帶凶）
五十二畫　草木逢春，雨過天晴，貫徹大志，名利雙收。（吉）
五十三畫　盛衰參半，先吉後凶，先凶後吉，外祥內苦。（吉帶凶）
五十四畫　辛慘不絕，難望成功，此數大凶，名難非運。（凶）
五十五畫　外觀隆昌，內隱禍患，堅固意志，開出泰運。（吉帶凶）
五十六畫　事與願違，終難成功，欲速不達，暮日淒涼。（凶）
五十七畫　寒雪青松，時來運轉，曠野枯草，繁榮之兆。（吉）

五十八畫　先苦後甘，浮沉多端，始凶終吉，能保成功。（凶帶吉）
五十九畫　做事猶疑，難望成事，大刀闊斧，始可再興。（凶）
六　十畫　黑暗無光，心迷意亂，出爾反爾，方針難定。（凶）
六十一畫　雲遮半月，內隱不和，謹慎修德，始保名利。（吉帶凶）
六十二畫　基礎虛弱，事業難展，注意信用，始免困境。（凶）
六十三畫　萬物化育，顯榮之象，專心一意，富貴榮達。（吉）
六十四畫　浮沉之象，十九不成，徒勞無功，骨肉分離。（凶）
六十五畫　貴重之氣，吉運自來，能享盛名，富貴長壽。（吉）
六十六畫　不吉之兆，進退維谷，內外不和，缺乏信用。（凶）
六十七畫　白手成家，事事如意，建家立業，富貴自來。（吉）
六十八畫　善判是非，信用厚重，不失先機，孚獲眾望。（吉）
六十九畫　坐立不安，常陷逆境，不得時運，難得利潤。（凶）
七　十畫　一生慘淡，難免貧困，此數不吉，廢物滅亡。（凶）
七十一畫　吉凶參半，惟賴勇氣，貫徹力行，晚年享福。（吉帶凶）
七十二畫　利到禍臨，苦中有樂，得而復失，未雨綢繆。（凶帶吉）

七十三畫　志高力微，自然吉祥，力行不懈，得享安樂。（凶帶吉）
七十四畫　無智無能，坐食山空，無能為用，難以出世。（凶）
七十五畫　守安之相，主動無力，託他人福，守則可安。（吉帶凶）
七十六畫　傾覆之相，家產破敗，貧病交迫，墜落苦海。（凶）
七十七畫　樂極生悲，先甘後苦，如能守成，反為吉祥。（吉帶凶）
七十八畫　吉凶參半，有得有失，須防劫財，始保安順。（吉帶凶）
七十九畫　如走夜路，前途暗淡，事勞無功，挽回乏力。（凶）
八　十　畫　吉星入遁，波浪不絕，安心立命，可保小康。（凶）
八十一畫　最極之數，還本歸元，富貴繁業，名揚四海。（吉）

# 印相三才吉畫數範例

| 畫數 | 姓氏 | 範例 |
| --- | --- | --- |
| 二畫 | 力、人、匕、乃、丁、卜、刁 | 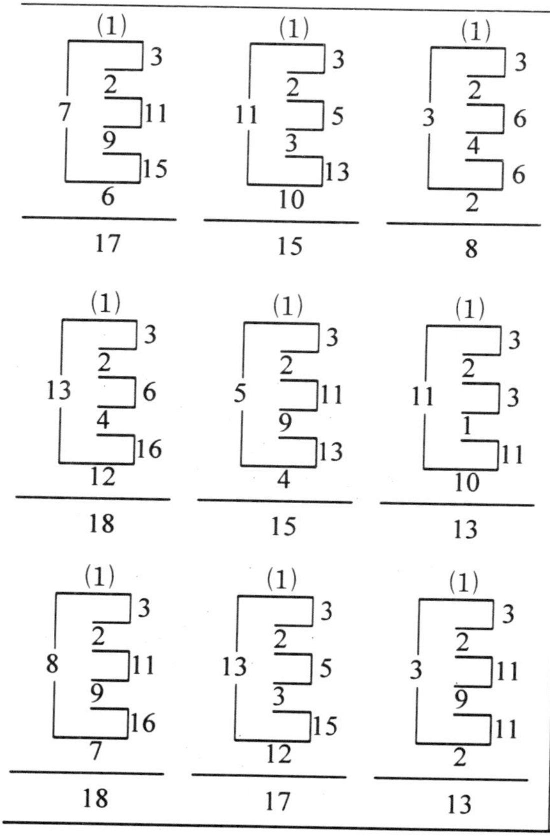 |

## 畫　二

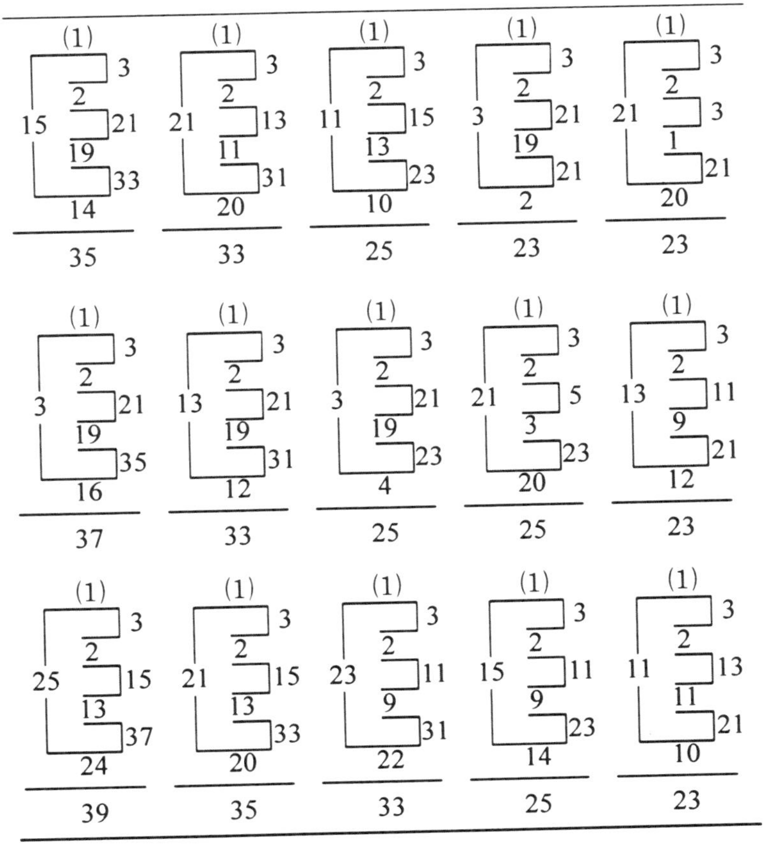
(1) 3 2 15 21 19 33 14 35
(1) 3 2 21 13 11 31 20 33
(1) 3 2 11 15 13 23 10 25
(1) 3 2 3 21 19 21 2 23
(1) 3 2 21 3 1 21 20 23
(1) 3 2 3 21 19 35 16 37
(1) 3 2 13 21 19 31 12 33
(1) 3 2 3 21 19 23 4 25
(1) 3 2 21 5 3 23 20 25
(1) 3 2 13 11 9 21 12 23
(1) 3 2 25 15 13 37 24 39
(1) 3 2 21 15 13 33 20 35
(1) 3 2 23 11 9 31 22 33
(1) 3 2 15 11 9 23 14 25
(1) 3 2 11 13 11 21 10 23

## 二畫

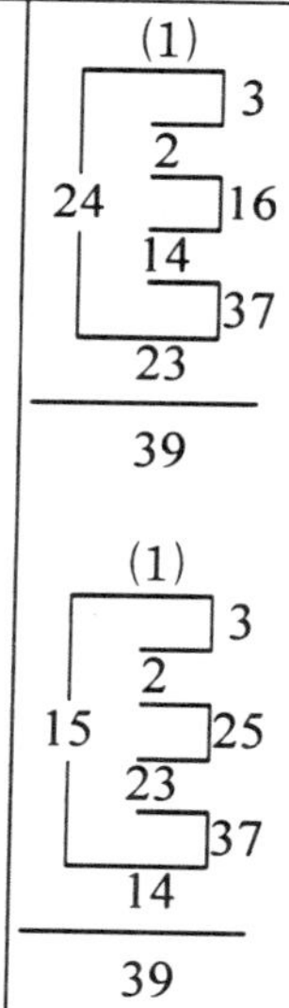
(1) 3 2 16 14 37 24 23 39
(1) 3 2 25 23 37 15 14 39

## 三畫

于、山、刀、千、上、干

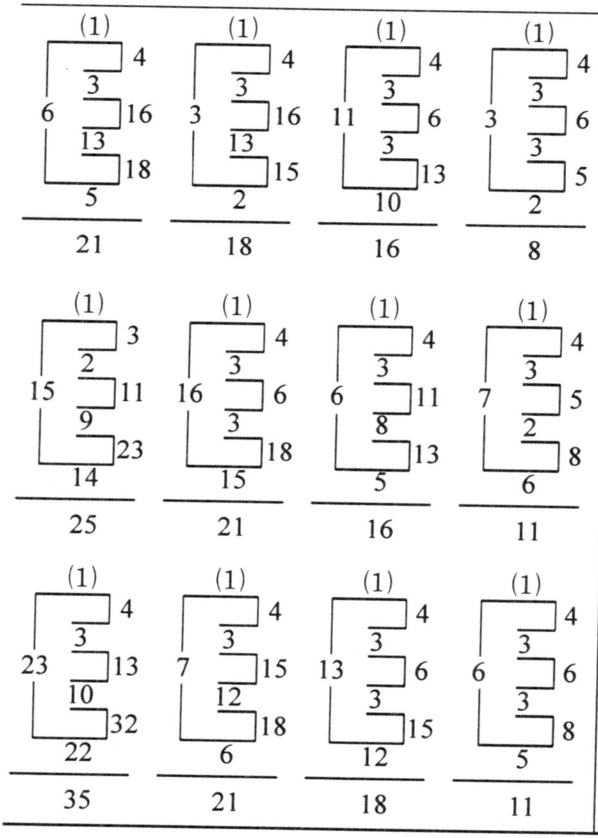
(1) 4 3 6 3 5 3 2 8
(1) 4 3 6 3 13 11 10 16
(1) 4 3 16 13 15 3 2 18
(1) 4 3 16 13 18 6 5 21
(1) 4 3 5 2 8 7 6 11
(1) 4 3 11 8 13 6 5 16
(1) 4 3 6 3 18 16 15 21
(1) 3 2 11 9 23 15 14 25
(1) 4 3 6 3 8 6 5 11
(1) 4 3 6 3 15 13 12 18
(1) 4 3 15 12 18 7 6 21
(1) 4 3 13 10 32 23 22 35

| 四畫 | 三畫 |
|---|---|
| 王、水、井、仇、戈、公、元、支、巴、尹、毛、卡、孔、文、牛、方、尤、亢、木 | |

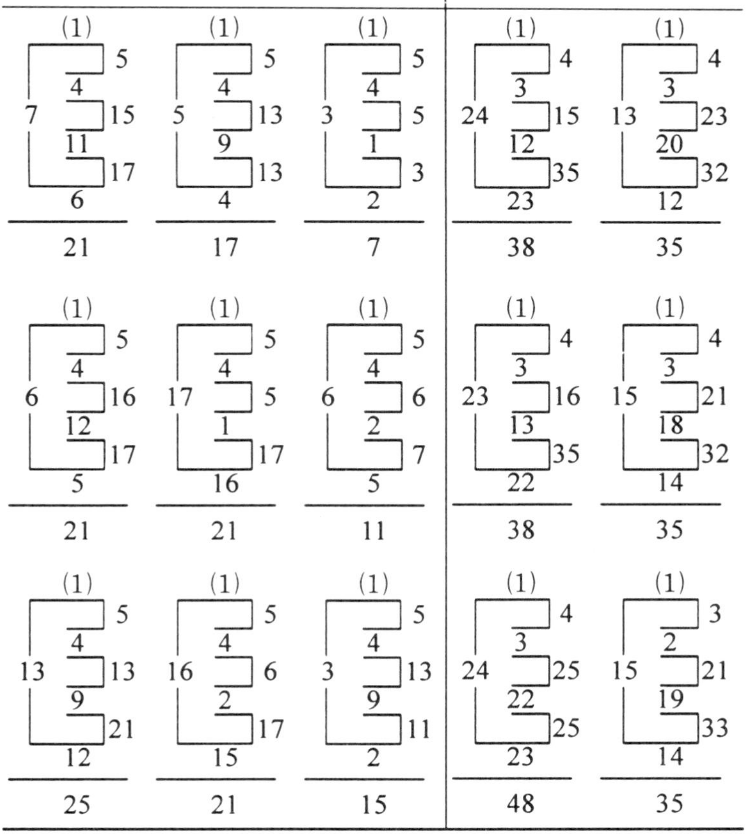

# 四畫

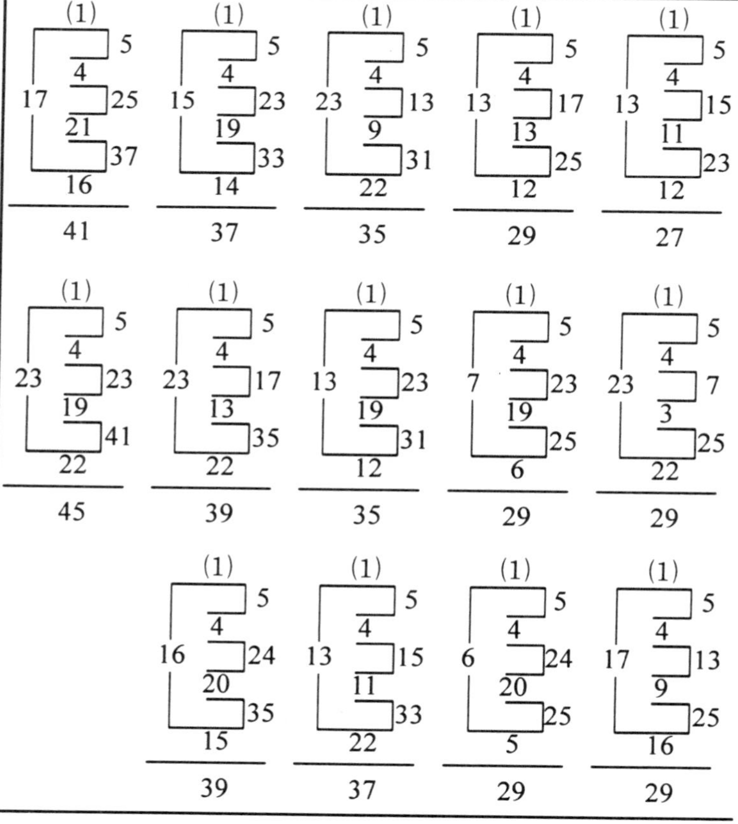
(1) 5 4 17 25 21 37 16 41
(1) 5 4 15 23 19 33 14 37
(1) 5 4 23 13 9 31 22 35
(1) 5 4 13 17 13 25 12 29
(1) 5 4 13 15 11 23 12 27
(1) 5 4 23 23 19 41 22 45
(1) 5 4 23 17 13 35 22 39
(1) 5 4 13 23 19 31 12 35
(1) 5 4 7 23 19 25 6 29
(1) 5 4 23 7 3 25 22 29
(1) 5 4 16 24 20 35 15 39
(1) 5 4 13 15 11 33 22 37
(1) 5 4 6 24 20 25 5 29
(1) 5 4 17 13 9 25 16 29

| 六畫 | 五畫 |
| --- | --- |
| 曲、同、伍、<br>后、吉、年、<br>向、再、回、 | 平、央、丙、<br>令、冉、巧、<br>右、皮、乎、<br>左、包、石、<br>丘、白、甲、<br>田、古、甘、<br>史、申、司、<br>卯、五 |

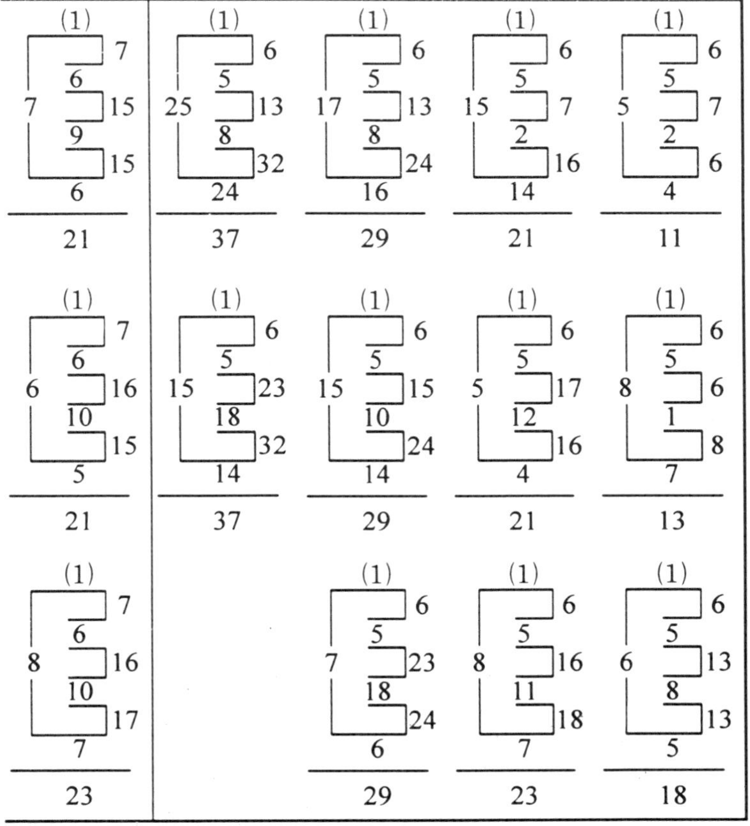

## 六畫

危、牟、百、
仲、羊、全、
戎、安、米、
伏、朱、任、
伊、朴、印、
匡

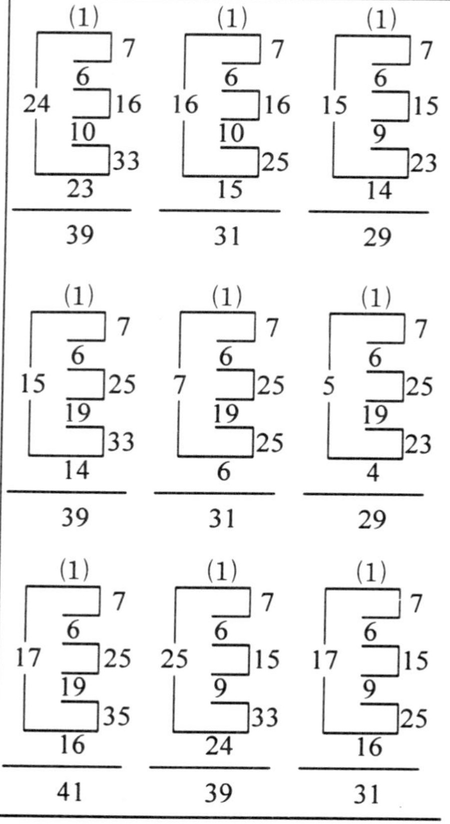


## 七畫

良、杞、伸、
甫、汝、岑、
赤、辛、谷、
池、利、車、
巫、成、呂、
余、李、杜、

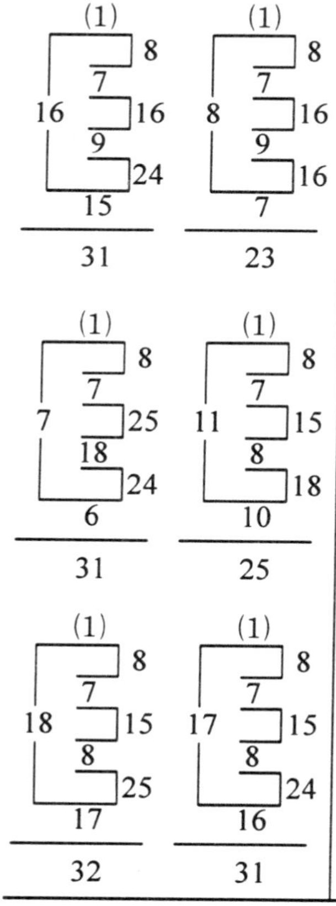

| 八畫 | |
|---|---|
| 季、孟、東、幸、居、艾、杭、牧、武、沈、狄、屈、宗、卓、宓、岳、易、孟、周、汪、林、金、空、昌、沙、和、定、竺、來、沃、治、官、房 | 何、宋、江、吳、貝、克、延 |

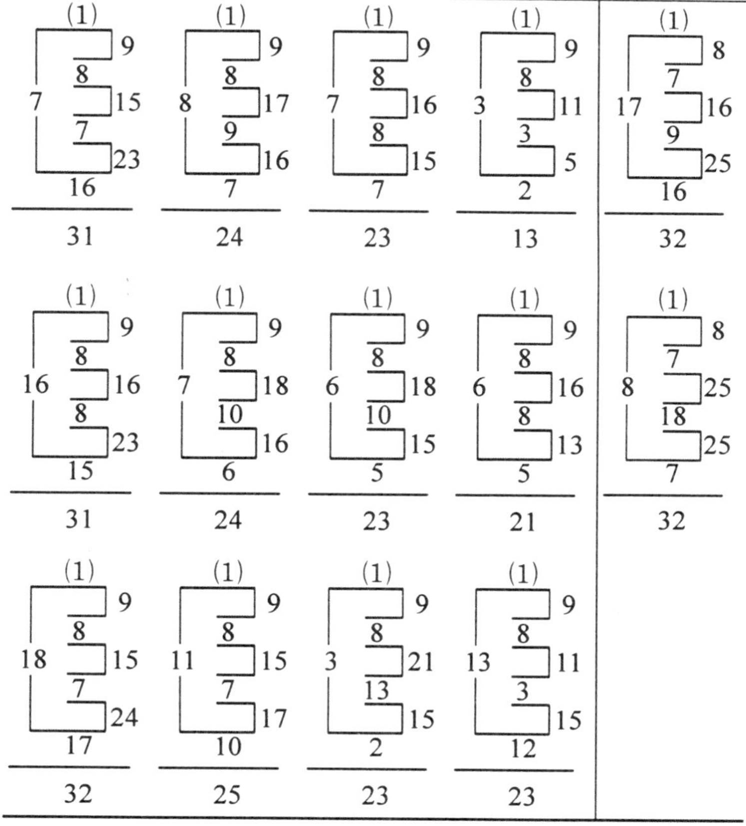

## 八畫

## 九畫

禹、哈、柴、涂、俞、皇、帥、紅、秋、狐、咸、柏、計、羿、韋、侯、施、查、

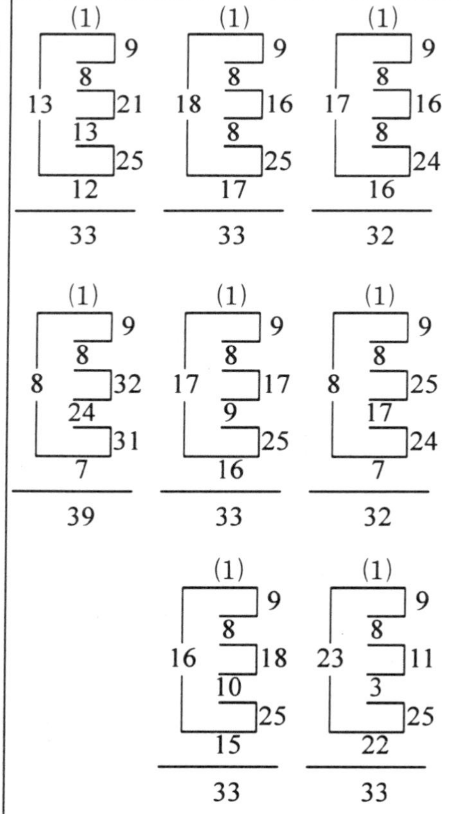


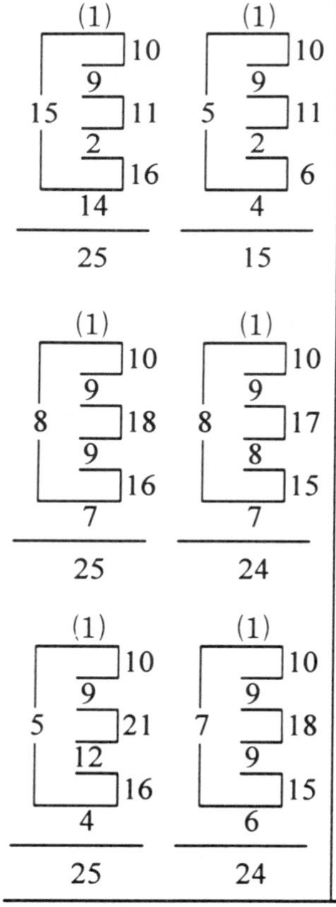

| 九畫 | 十畫 |
| --- | --- |
| 泉、柳、姜、風、紀、宣、柯、姚、祈、段、封 | 奚、家、豹、洛、晉、殷、桂、祝、馬、蚋、祖、貢、紐、耿、芳、凌、烏、班、宮、孫、洪、桃、城、花、席、秦、倪、 |

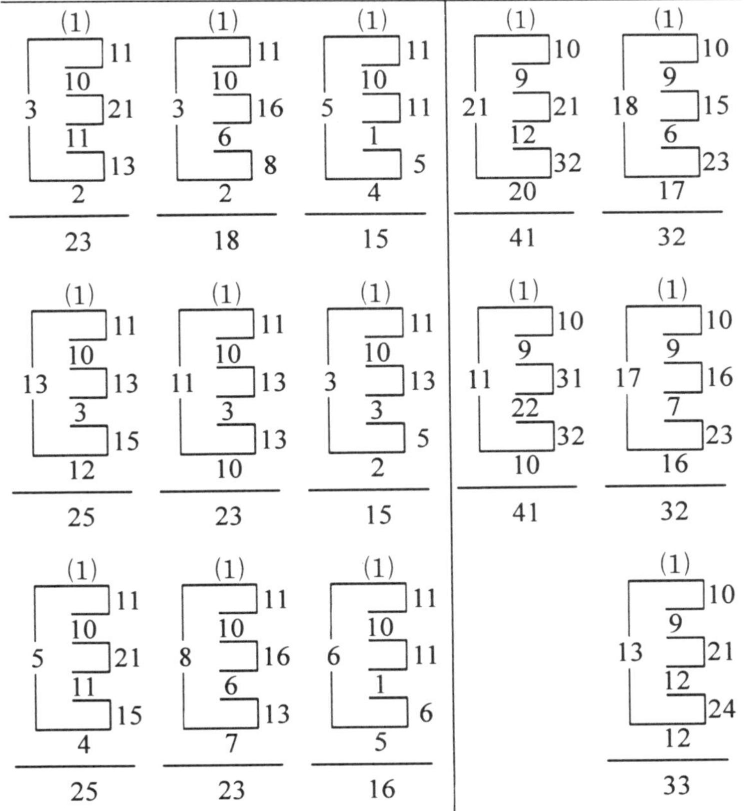

| 十一畫 | 十畫 |
| --- | --- |
| 邢、苗、商、那、戚、常、符、浦、梁、 | 宰、晏、徐、高、袁、唐、翁、夏、時、姬、恩、庫 |

| | | | | |
| --- | --- | --- | --- | --- |
| (1) | (1) | (1) | (1) | (1) |
| 12 | 11 | 11 | 11 | 11 |
| 11 | 10 | 10 | 10 | 10 |
| 5 | 25 | 13 | 13 | 3 |
| 13 | 21 | 23 | 21 | 23 |
| 2 | 11 | 13 | 11 | 13 |
| 6 | 35 | 25 | 23 | 15 |
| 4 | 24 | 12 | 12 | 2 |
| 17 | 45 | 35 | 33 | 25 |

| | | | | |
| --- | --- | --- | --- | --- |
| (1) | (1) | (1) | (1) | (1) |
| 12 | 11 | 11 | 11 | 11 |
| 11 | 10 | 10 | 10 | 10 |
| 15 | 21 | 18 | 11 | 8 |
| 15 | 25 | 24 | 23 | 24 |
| 4 | 15 | 14 | 13 | 14 |
| 18 | 35 | 31 | 23 | 21 |
| 14 | 20 | 17 | 10 | 7 |
| 29 | 45 | 41 | 33 | 31 |

| | | | | |
| --- | --- | --- | --- | --- |
| (1) | (1) | (1) | (1) | (1) |
| 12 | 11 | 11 | 11 | 11 |
| 11 | 10 | 10 | 10 | 10 |
| 5 | 15 | 21 | 15 | 21 |
| 25 | 31 | 29 | 21 | 13 |
| 14 | 21 | 19 | 11 | 3 |
| 18 | 35 | 31 | 25 | 23 |
| 4 | 14 | 12 | 14 | 20 |
| 29 | 45 | 41 | 35 | 33 |

## 十一畫

婪、強、麥、
粘、胡、從、
畢、崔、梅、
崖、婁、章、
寇、尉、苑、
茅、茆、涂、
張、許、康、
范、曹、區、
英

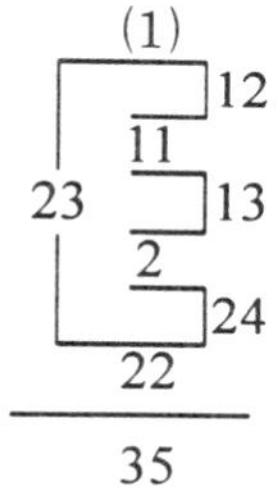


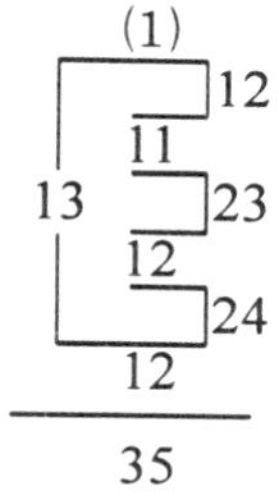


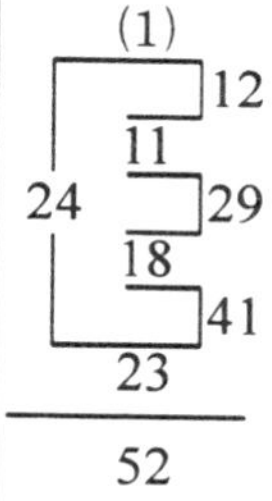


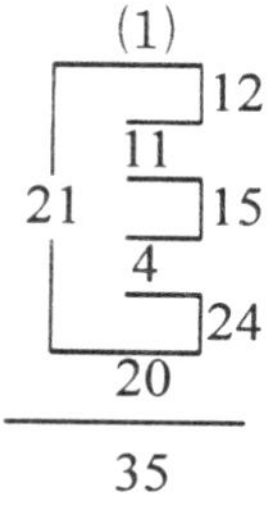


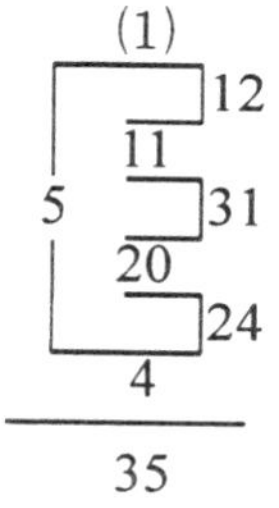


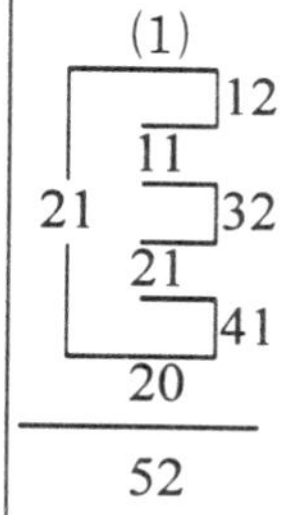


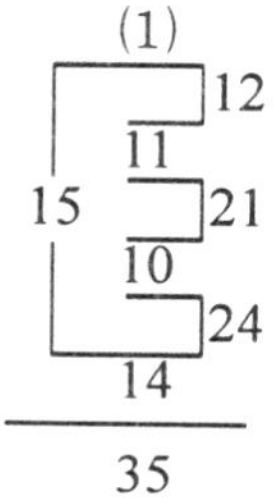


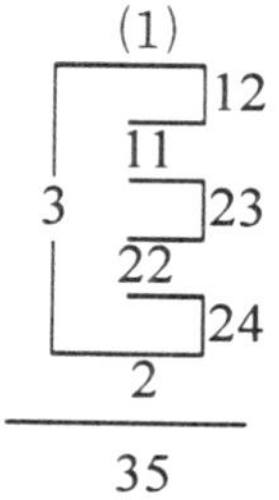


## 十二畫

覃、單、阮、
荀、斐、超、
舒、馮、富、
辜、邴、景、
項、荊、堯、
堵、雲、焦、

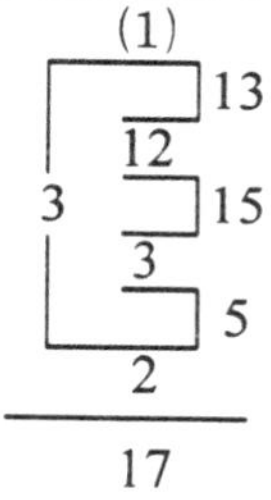


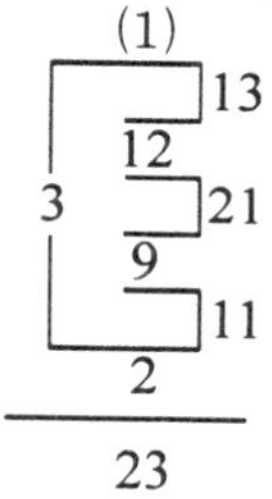


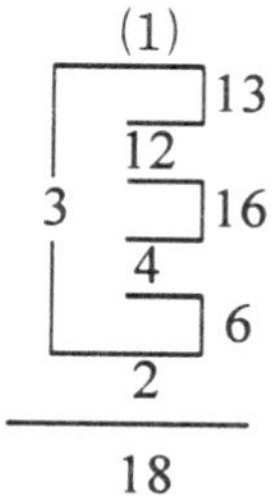


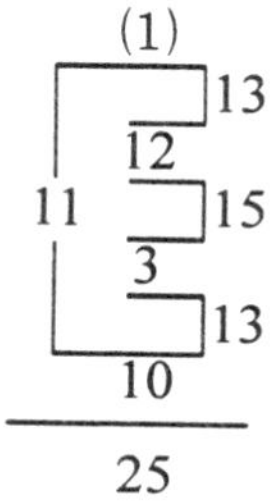


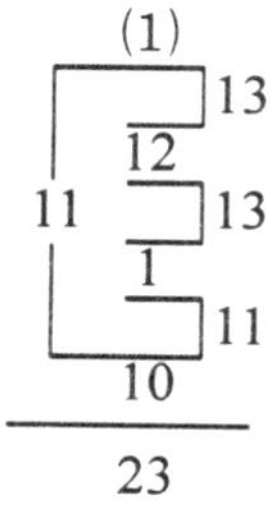


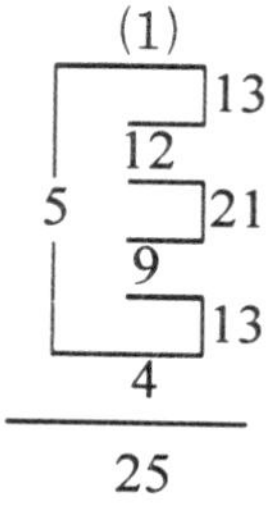

## 十二畫

費、賁、喩、
童、程、喬、
茹、閔、曾、
邵、賀、傅、
黃、彭、盛、
邱、勞、粟

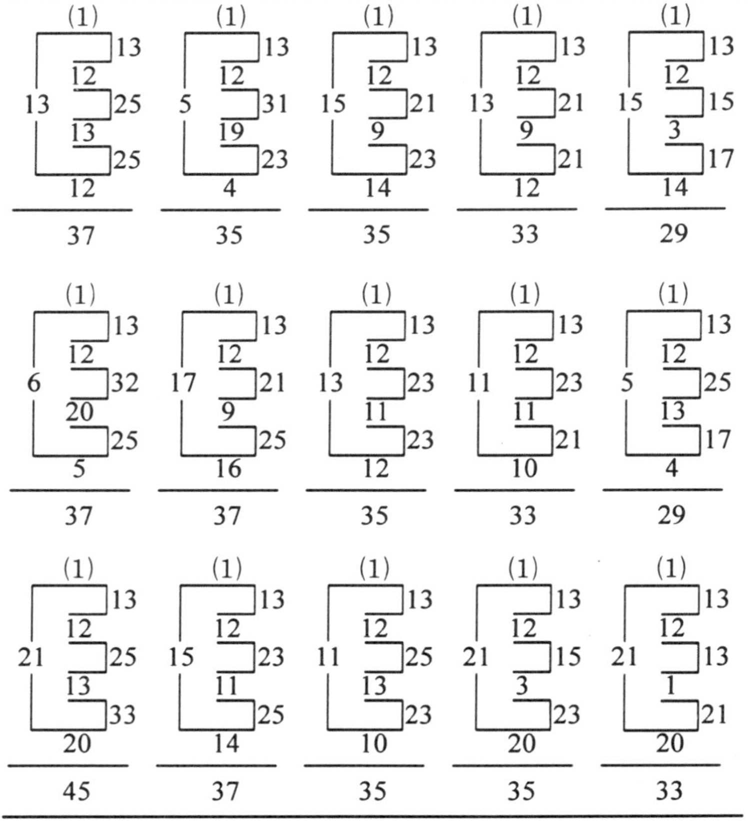
(1) 13 12 13 25 13 25 12 37
(1) 13 12 5 31 19 23 4 35
(1) 13 12 15 21 9 23 14 35
(1) 13 12 13 21 9 21 12 33
(1) 13 12 15 15 3 17 14 29
(1) 13 12 6 32 20 25 5 37
(1) 13 12 17 21 9 25 16 37
(1) 13 12 13 23 11 23 12 35
(1) 13 12 11 23 11 21 10 33
(1) 13 12 5 25 13 17 4 29
(1) 13 12 21 25 13 33 20 45
(1) 13 12 15 23 11 25 14 37
(1) 13 12 11 25 13 23 10 35
(1) 13 12 21 15 3 23 20 35
(1) 13 12 21 13 1 21 20 33

## 十二畫

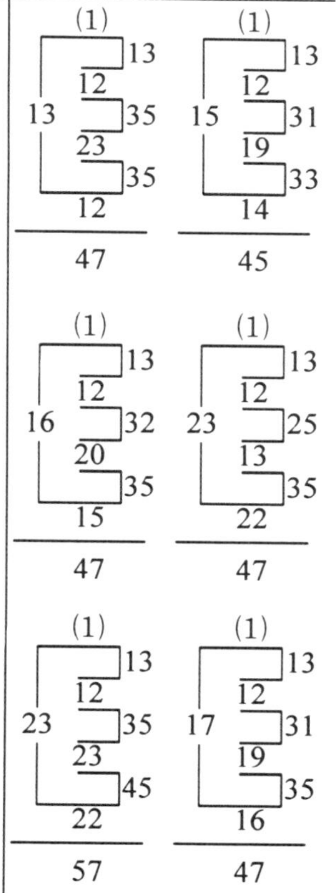


## 十三畫

荻、甯、賈、農、楚、雋、莫、裘、雍、莊、廉、虞、楊、嵩、湯、詹、游、路、雷、解、湛、郁

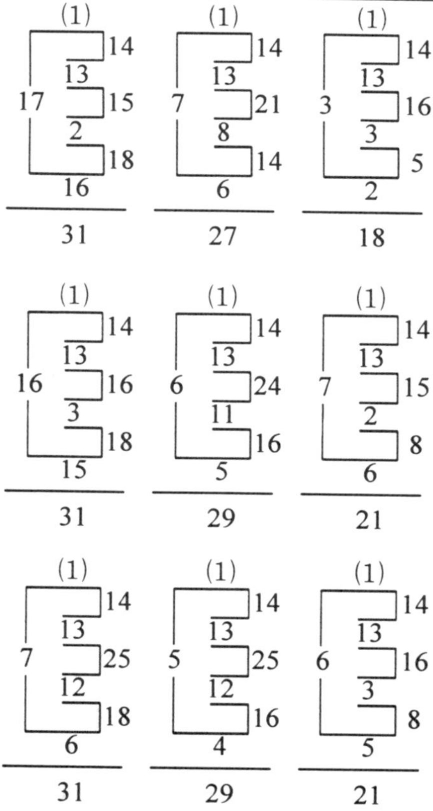

| 畫　三　十 | | | 畫　二　十 | |

郁、解、湛、
雷、游、路、
詹、嵩、湯、
楊、廉、虞、
莊、裘、雍、
莫、楚、雋、
農、楚、雋、
荻、甯、賈、

**第一列**

(1)
17 ⌐ 14 / 13 / 15 / 2 / 18 / 16 ⌐ 　31

(1)
7 ⌐ 14 / 13 / 21 / 8 / 14 / 6 ⌐ 　27

(1)
3 ⌐ 14 / 13 / 16 / 3 / 5 / 2 ⌐ 　18

(1)
13 ⌐ 13 / 12 / 35 / 23 / 35 / 12 ⌐ 　47

(1)
15 ⌐ 13 / 12 / 31 / 19 / 33 / 14 ⌐ 　45

**第二列**

(1)
16 ⌐ 14 / 13 / 16 / 3 / 18 / 15 ⌐ 　31

(1)
6 ⌐ 14 / 13 / 24 / 11 / 16 / 5 ⌐ 　29

(1)
7 ⌐ 14 / 13 / 15 / 2 / 8 / 6 ⌐ 　21

(1)
16 ⌐ 13 / 12 / 32 / 20 / 35 / 15 ⌐ 　47

(1)
23 ⌐ 13 / 12 / 25 / 13 / 35 / 22 ⌐ 　47

**第三列**

(1)
7 ⌐ 14 / 13 / 25 / 12 / 18 / 6 ⌐ 　31

(1)
5 ⌐ 14 / 13 / 25 / 12 / 16 / 4 ⌐ 　29

(1)
6 ⌐ 14 / 13 / 16 / 3 / 8 / 5 ⌐ 　21

(1)
23 ⌐ 13 / 12 / 35 / 23 / 45 / 22 ⌐ 　57

(1)
17 ⌐ 13 / 12 / 31 / 19 / 35 / 16 ⌐ 　47

## 十三畫

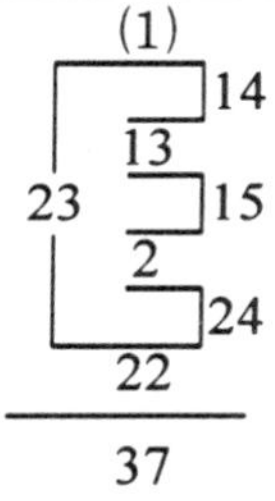


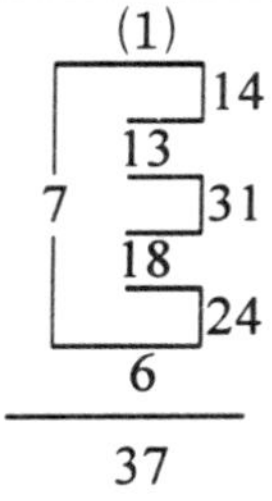


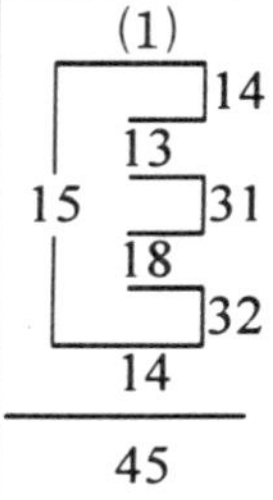


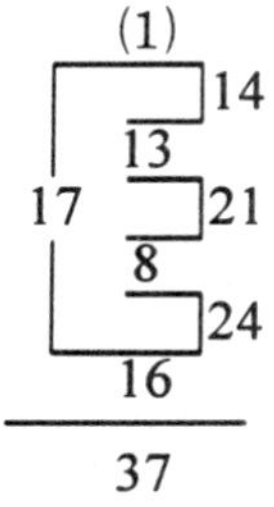


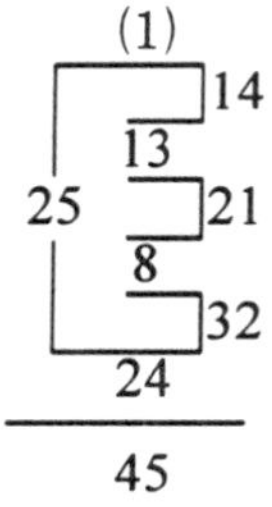


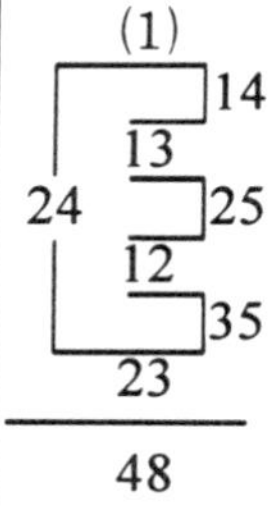


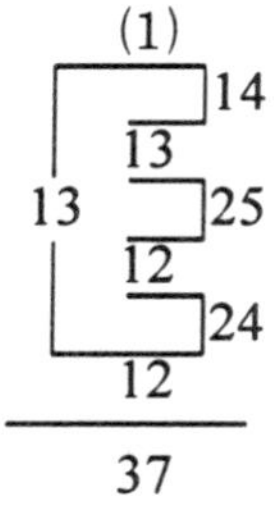


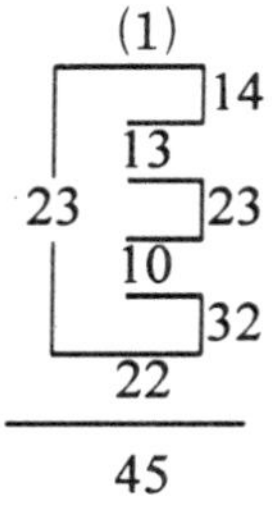


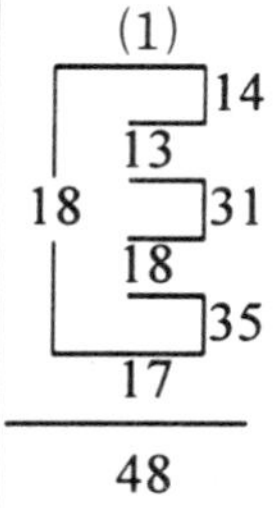


## 十四畫

華、溥、甄、郗、郎、郜、
臧、管、熊、裴、廣、郟、
鳳、趙、赫、壽、榮、翟、

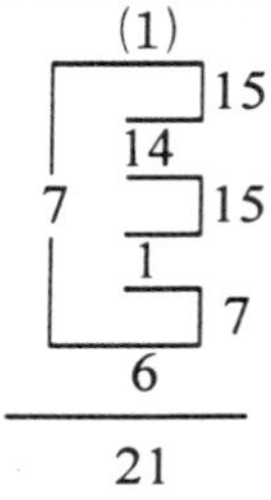


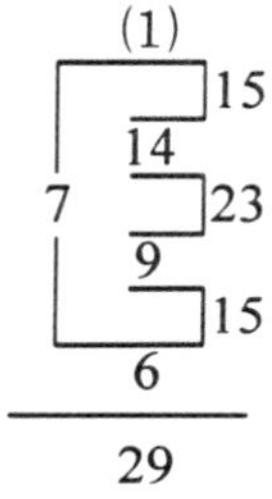


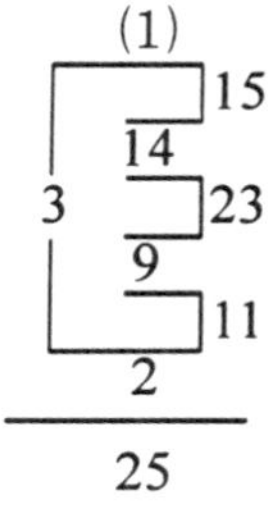


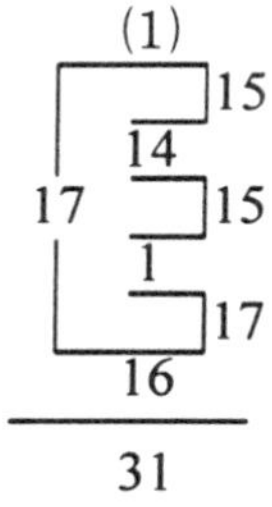


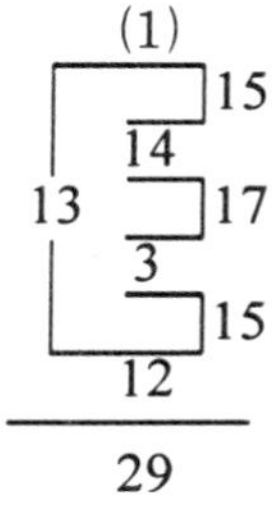


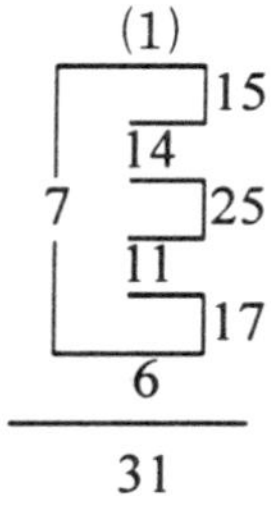

十四畫

韶、郝、郤、廖、齊、連、塗、溫

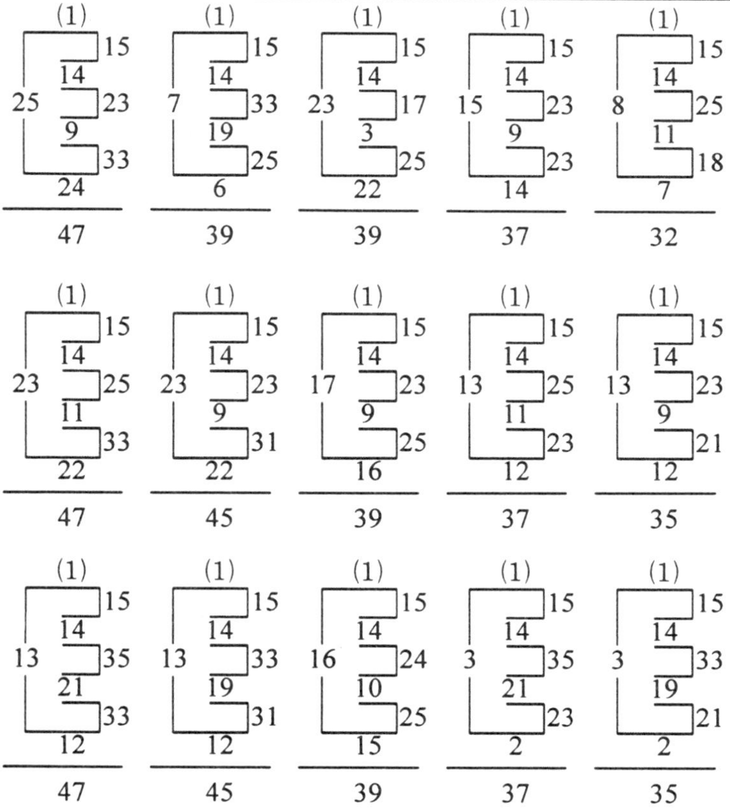

(1) 15 14 8 25 11 18 7 32
(1) 15 14 15 23 9 23 14 37
(1) 15 14 23 17 3 25 22 39
(1) 15 14 7 33 19 25 6 39
(1) 15 14 25 23 9 33 24 47
(1) 15 14 13 23 9 21 12 35
(1) 15 14 13 25 11 23 12 37
(1) 15 14 17 23 9 25 16 39
(1) 15 14 23 23 9 31 22 45
(1) 15 14 23 25 11 33 22 47
(1) 15 14 3 33 19 21 2 35
(1) 15 14 3 35 21 23 2 37
(1) 15 14 16 24 10 25 15 39
(1) 15 14 13 33 19 31 12 45
(1) 15 14 13 35 21 33 12 47

| 十六畫 | 十五畫 |
|---|---|
| 霍、龍、陸、<br>鮑、諸、蒲、<br>衛、穆、錢、 | 魯、樊、樓、<br>院、閻、談、<br>厲、滿、萬、<br>董、葛、葉、<br>歐、樂、黎、<br>劉、郭、褚、<br>鞏 |

| | | | | |
|---|---|---|---|---|
| (1)<br>17<br>16<br>5 25<br>9<br>13<br>4<br>29 | (1)<br>16<br>15<br>15 33<br>18<br>32<br>14<br>47 | (1)<br>16<br>15<br>5 35<br>20<br>24<br>4<br>39 | (1)<br>16<br>15<br>8 25<br>10<br>17<br>7<br>32 | (1)<br>16<br>15<br>5 17<br>2<br>6<br>4<br>21 |
| (1)<br>17<br>16<br>7 25<br>9<br>15<br>6<br>31 | (1)<br>16<br>15<br>24 25<br>10<br>33<br>23<br>48 | (1)<br>16<br>15<br>25 23<br>8<br>32<br>24<br>47 | (1)<br>16<br>15<br>16 24<br>9<br>24<br>15<br>39 | (1)<br>16<br>15<br>15 17<br>2<br>16<br>14<br>31 |
| (1)<br>17<br>16<br>8 25<br>9<br>16<br>7<br>32 | (1)<br>16<br>15<br>18 35<br>20<br>37<br>17<br>52 | (1)<br>16<br>15<br>24 24<br>9<br>32<br>23<br>47 | (1)<br>16<br>15<br>15 25<br>10<br>24<br>14<br>39 | (1)<br>16<br>15<br>8 24<br>9<br>16<br>7<br>31 |

| 十六畫 | 十七畫 | 十八畫 |
| --- | --- | --- |
| 陶、閻、賴、陳、駱、蒙、潘、盧、蓋、衡 | 繆、鄔、蔚、糠、應、隆、鍾、蔣、陽、館、蔡、鄒、韓、謝、慕 | 瞿、儲、豐、鄢、戴、聶、闕、顏、魏、 |

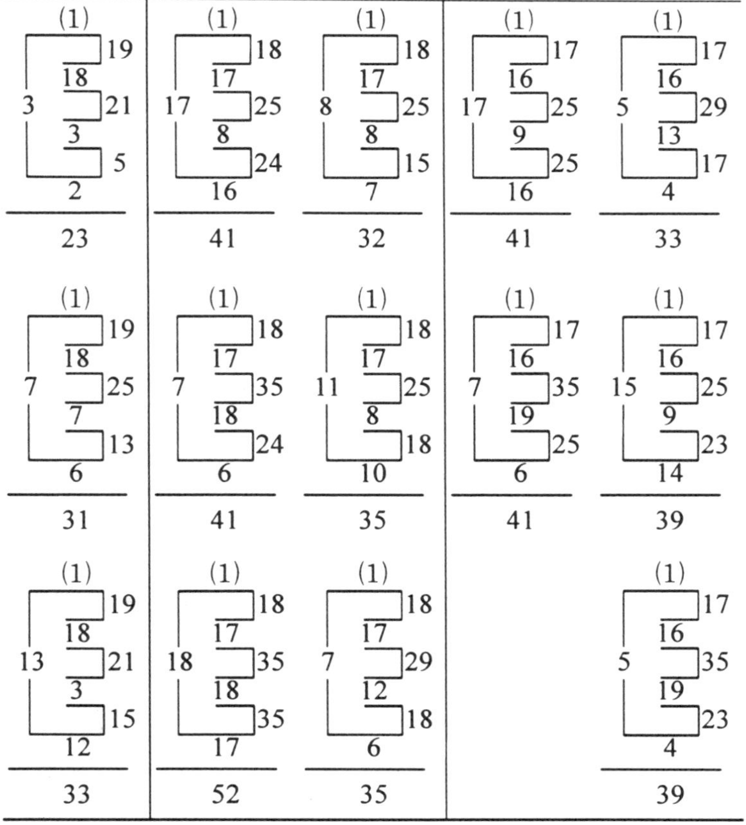

## 十八畫

簡、叢、鄞、顓

| | | | | | | | | |
|---|---|---|---|---|---|---|---|---|
| (1) | 19 | 18 | 11 | 25 | 7 | 17 | 10 | 35 |
| (1) | 19 | 18 | 8 | 32 | 14 | 21 | 7 | 39 |
| (1) | 19 | 18 | 7 | 29 | 11 | 17 | 6 | 35 |
| (1) | 19 | 18 | 17 | 25 | 7 | 23 | 16 | 41 |
| (1) | 19 | 18 | 11 | 29 | 11 | 21 | 10 | 39 |
| (1) | 19 | 18 | 16 | 32 | 14 | 29 | 15 | 47 |

## 十九畫

蕭、薄、關、譚、龐、鄭、鄧、薛

| | | | | | | | | |
|---|---|---|---|---|---|---|---|---|
| (1) | 20 | 19 | 5 | 21 | 2 | 6 | 4 | 25 |
| (1) | 20 | 19 | 11 | 25 | 6 | 16 | 10 | 35 |
| (1) | 20 | 19 | 17 | 32 | 13 | 29 | 16 | 48 |
| (1) | 20 | 19 | 8 | 25 | 6 | 13 | 7 | 32 |
| (1) | 20 | 19 | 5 | 31 | 12 | 16 | 4 | 35 |
| (1) | 20 | 19 | 21 | 32 | 13 | 33 | 20 | 52 |
| (1) | 20 | 19 | 15 | 21 | 2 | 16 | 14 | 35 |
| (1) | 20 | 19 | 13 | 25 | 6 | 18 | 12 | 37 |
| (1) | 20 | 19 | 11 | 47 | 28 | 38 | 10 | 57 |

| 二十一畫 | 二十畫 | | | |
|---|---|---|---|---|
| 瓏、巍、饒、顧、闞 | 釋、鐘、竇、羅、嚴、藍、酆 | | | |
| (1)<br>22<br>21<br>5　25<br>4<br>8<br>4<br>——<br>29 | (1)<br>21<br>20<br>23　23<br>3<br>25<br>22<br>——<br>45 | (1)<br>21<br>20<br>18　24<br>4<br>21<br>17<br>——<br>41 | (1)<br>21<br>20<br>13　23<br>3<br>15<br>12<br>——<br>35 | (1)<br>21<br>20<br>8　24<br>4<br>11<br>7<br>——<br>31 |
| (1)<br>22<br>21<br>15　23<br>2<br>16<br>14<br>——<br>37 | (1)<br>21<br>20<br>13　33<br>13<br>25<br>12<br>——<br>45 | (1)<br>21<br>20<br>11　31<br>11<br>21<br>10<br>——<br>41 | (1)<br>21<br>20<br>5　31<br>11<br>15<br>4<br>——<br>35 | (1)<br>21<br>20<br>11　23<br>3<br>13<br>10<br>——<br>33 |
| (1)<br>22<br>21<br>7　31<br>10<br>16<br>6<br>——<br>37 | (1)<br>21<br>20<br>21　32<br>12<br>32<br>20<br>——<br>52 | (1)<br>21<br>20<br>13　31<br>11<br>23<br>12<br>——<br>43 | (1)<br>21<br>20<br>3　33<br>13<br>15<br>2<br>——<br>35 | (1)<br>21<br>20<br>3　31<br>11<br>13<br>2<br>——<br>33 |

Each row below is one number diagram, read top to bottom: the (1) at the top, the number on the right of the top bracket, the inner number under it, the number on the left, the number on the right of the middle bracket, the inner number under it, the number on the right of the bottom bracket, the number at the bottom, and the total under the rule.

## 二十一畫

| | | | | | | | | |
|---|---|---|---|---|---|---|---|---|
| (1) | 22 | 21 | 13 | 33 | 12 | 24 | 12 | 45 |
| (1) | 22 | 21 | 23 | 23 | 2 | 24 | 22 | 45 |
| (1) | 22 | 21 | 5 | 33 | 12 | 16 | 4 | 37 |
| (1) | 22 | 21 | 5 | 41 | 20 | 24 | 4 | 45 |
| (1) | 22 | 21 | 21 | 25 | 4 | 24 | 20 | 45 |
| (1) | 22 | 21 | 15 | 25 | 4 | 18 | 14 | 39 |
| (1) | 22 | 21 | 21 | 32 | 11 | 31 | 20 | 52 |
| (1) | 22 | 21 | 15 | 31 | 10 | 24 | 14 | 45 |
| (1) | 22 | 21 | 5 | 35 | 14 | 18 | 4 | 39 |

## 二十二畫

權、蘭、龔、蘇

| | | | | | | | | |
|---|---|---|---|---|---|---|---|---|
| (1) | 23 | 22 | 13 | 25 | 3 | 15 | 12 | 37 |
| (1) | 23 | 22 | 5 | 25 | 3 | 7 | 4 | 29 |
| (1) | 23 | 22 | 31 | 32 | 10 | 15 | 5 | 37 |
| (1) | 23 | 22 | 11 | 25 | 3 | 13 | 10 | 35 |
| (1) | 23 | 22 | 31 | 35 | 13 | 15 | 2 | 37 |
| (1) | 23 | 22 | 5 | 31 | 9 | 13 | 4 | 35 |

## 二十二畫

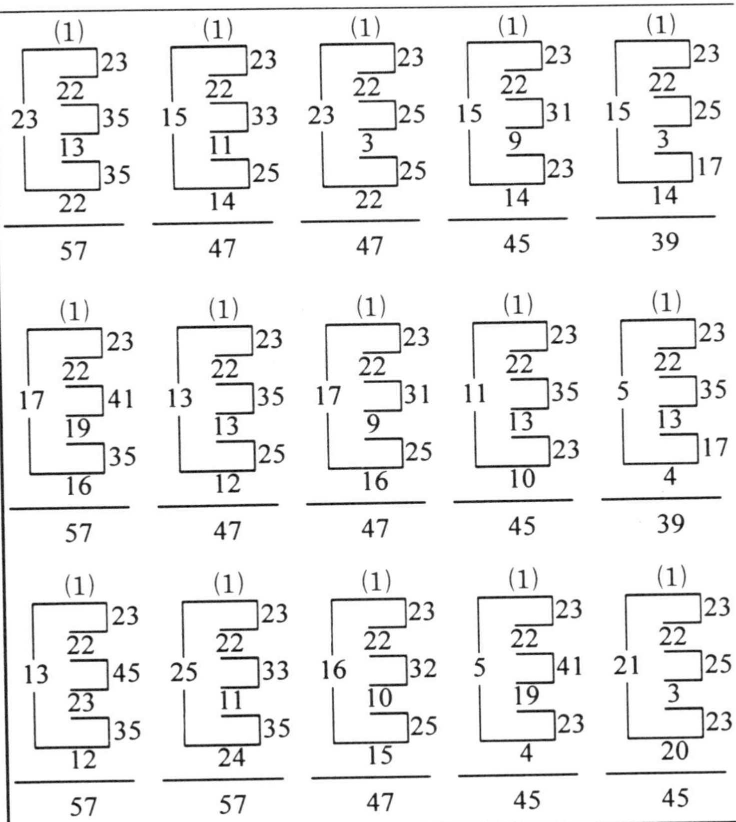
(1) 23 22 23 35 13 35 22 57
(1) 23 22 15 33 11 25 14 47
(1) 23 22 23 25 3 25 22 47
(1) 23 22 15 31 9 23 14 45
(1) 23 22 15 25 3 17 14 39
(1) 23 22 17 41 19 35 16 57
(1) 23 22 13 35 13 25 12 47
(1) 23 22 17 31 9 25 16 47
(1) 23 22 11 35 13 23 10 45
(1) 23 22 5 35 13 17 4 39
(1) 23 22 13 45 23 35 12 57
(1) 23 22 25 33 11 35 24 57
(1) 23 22 16 32 10 25 15 47
(1) 23 22 5 41 19 23 4 45
(1) 23 22 21 25 3 23 20 45

## 二十三畫

蘭、欒

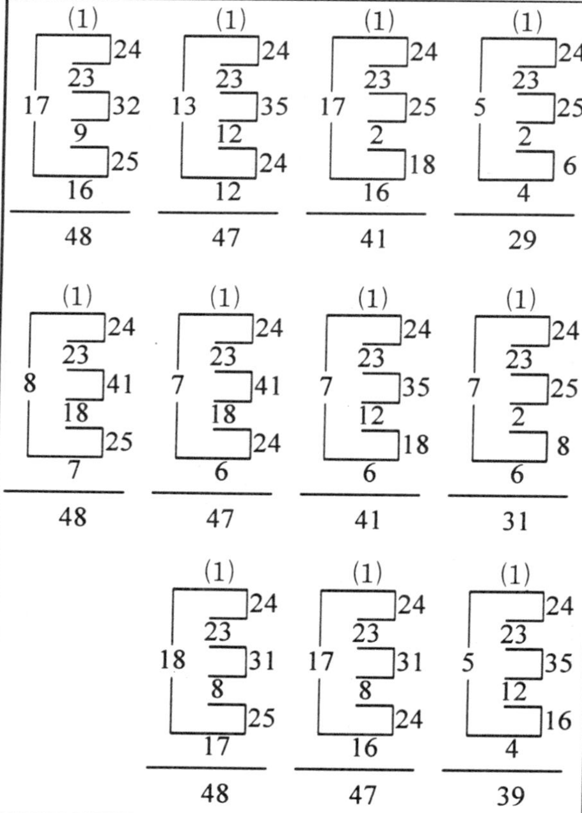
(1) 24 23 17 32 9 25 16 48
(1) 24 23 13 35 12 24 12 47
(1) 24 23 17 25 2 18 16 41
(1) 24 23 5 25 2 6 4 29
(1) 24 23 8 41 18 25 7 48
(1) 24 23 7 41 18 24 6 47
(1) 24 23 7 35 12 18 6 41
(1) 24 23 7 25 2 8 6 31
(1) 24 23 18 31 8 25 17 48
(1) 24 23 17 31 8 24 16 47
(1) 24 23 5 35 12 16 4 39

# 筆畫標準字典

印相學的筆畫應照原體字，所以應根據康熙字典的原體字為主。

### 一畫之部

一土 乙土

### 二畫之部

二土 乃火 了火 人金 入金
刀火 力火 匕水 卜水 又土
几水 丁火

### 三畫之部

三金 下金水 上金 万土水 丸土
久火 乞金 也土 于土 亡土水
土火 士金 口木 夕金 大火
凡水 千金 丈火 女火 子金
寸金 小金 山金 川金 工木
巳金 已火金 己火 巾火 干木
弓木 叉金 弋土 才金

### 四畫之部

四金 中火 不水 丑火 之火
丹火 予土 互水 井火 介火
今火 仍金 仁金 什金 允土
元土 內火 公木 切金 分水
匹水 勿水 化水 午土 升金
卞水 友土 及火 收金 反水
壬金 太火 天火 夫水 孔木
少金 尤土 尹土 屯火 巴水
幻水 引土 弔火 心金 戶水
手金 支火 文土 斗火 斤火
方水 日金 曰土 月土 木水
欠金 止火 比水 毛水 氏金
水金 火水 父水 爪火 牙土
牛火 犬金 王土 仆水 兮金

仍金元土双金尺金

## 五畫之部

五土丘金且金世金丕水
丙水主火井火以土仔金
仕金仙金他火代火仗火
令火兄金冬火出金另火
加火功木包水北水半水
占火卯水右土可木句火
古木司金史金只火召火
外土央土本水弁水尼火
巧金巨火左金市金布水
平水弘水弗水必水戊土
扎火末水未土本水正火
母水民水永土玄金玉土
瓜木瓦土甘木生金用土
田火由土甲火申金疋水
白水皿水目水皮水矛水
右土穴金示金禾水立火
旦火永土幼土乏水充金
冉金凸火凹土刊木叮火
奴火旦火札火正火

## 六畫之部

六火丞金亘金交火伊土
伉木企金休金仰土伍土
任金仲火伏水兇金光木
先金兆火全金共木再金
冲金決火刑金列火劣火
匡木匠火印土各木合水
吉火向金后水吐火同火
名水吏火因土回水在金
地火夙金多火好水妁金
如金妃水宇土宅金安土
守金字金存金寺金州火
屹土帆水年火式金戌金
戎金收金灯金打火旭金
旨火旬金曲金有土朱火
朵火次金此金求金汀火
灰水灯火牟水百水弛金
仿水份水竹火米水糸金
羊土羽土老火考木而土
耳土肉金臣金自金至火
臼火舌金舟火伐水虫金
血金行金圳金衣土西金

亥水　卉水　奸火　亦土　休金

## 七畫之部

七金　串金　伸金　伺金　住火
佐金　作金　況木　些金　亨水
位土　佑土　伽金　何水　佔火
佈水　低火　佃火　伯水　伴水
佛水　似金　位土　余土　克木
兌火　里火　免水　兵水　冶土
冷火　伶火　初金　判水　別水
利火　劫火　卵火　助火　努火
告木　君火　吾土　吟土　吳土
吻土　吹金　吝火　呈金　含水
妗火　妨水　坑木　坐金　呂火
坊水　坂水　壯火　妓火　妙水

孝金　妞火　宏水　完土　宋金
局火　尾土　岐金　岑金　巫土
希金　床金　序金　延土　巡金
弄火　廷火　弟火　形金　彤火
役土　志火　忍金　忖金　忘土
我土　戒火　成金　我土　托火
攸土　改木　攻木　旱水　更木
杆木　杏金　材金　杉金　杖火
束金　杜火　村金　杞金　杖火
呆火　李火　步金　每水　江火
汗水　汝金　汐金　池金　玎火
甫水　町火　男火　私金　秀金
禿火　究火　良火　見火　角火
言土　谷木　豆火　均火　赤金
足金　身金　車金　辰金　邑土

酉土　巡金　伽金　奴土　牡水
皂火　系金　走金　辛金　里火

## 八畫之部

八水　並水　乳金　事金　享金
京火　依土　侑土　侄火　佳火
侃木　供木　侍金　使金　佩水
來火　例火　供木　侍金　函水
刻木　剎金　刺金　制火　到火
協金　卒金　卓火　卦木　兒土
兔火　兩火　其金　典火　洽金
函水　卷火　取金　受金　叔金
和水　周火　味土　命水　呢火
固木　坤木　坦火　坡水　坪水
垂金　夜土　奇金　奈火　奉水

姑木始金狄火炊金委土
妮火妹水姓金妻金妾金
姊火季火孤水孟水宜土
官木宗金宙火定火宛土
尚金屈金居火屜火岡木
岳土岸土帑火帖火帛水
岩土庚木底火庖水店火
府水疼火弦金征火佛水
彼水往土快木忝火具火
忠火念火或水所金戽水
房水所金技火抄金投火
抗木扭火承金扮水亞土
批水扶水找火政火斧水
放水武土於土易土昂土
昏水昆木昌金昇金昔金

明水旺土服水明水杭水
果木枝火杵土松金東火
杯水枚水杰火板水林火
欣金汰火武土決火沙金
沈金沅土沛水沐水沃土
汪土炎土汾水版水物土
牧水玖火知火的火直火
空木社金糾火肌火舍金
虎水采金金火長金門水
阜水兩火青金雨土垂金
幸金秉水艾土臥土

## 九畫之部

九火亭火亮火信金俠金
係金俄土侯水泓水柱火

俊火俗金俞土保水促金
便水侶火俏金冒水段火
冠木奎木剃火削金前金
則金勁火勉水勇土皈木
南火匍水厚水奔水奏金
品水型金契金威土姪火
姬火姵水姹金娃土姻土
妊金姚土姝金姤木姜火
姣火姨土姿金客木室金
宣金屋土宧火封水巷金
帝火幽土度火庤火建火
彥土後水咤火咱金奕土
哀土哄木哇土哈水哉金
峙火玟土皇水待火律火
怡土怠火急火思金性金

招火拒火拓火披水拙火
拔水拉火抱水押土怕水
拜水故木施金映土昨金
是金春金星金昭火昱土
赴水架火柑木查金柴金
柵金柱火柔金染金柯木
相金柏水柄水柳火韋土
段火油土泳土沸水沿土
河水注火況木泉金泰火
治火泛水泌水波水泡水
法水昭火炤火炭火炮水
炳水狗木姚土帥金玫水
甚金畏土界火煙土皆火
皇水盈土盆水看木相金
省金眉水眇水砂金禹土

祈金科木秋金穿金突火
竿木紀火紅水紂火約土
缸木美水耐火耶土肝木
肖金肚火致火芋土虹水
衍土表水要土衫金計火
重金訂火負水貞火軍火
首金酋金酊火頁土面水
革木音土韋土風水泰火
飛水食金香金俐火俏金

## 十畫之部

差金師金席金庫木庭火
座金徑火徐金徒火恩土
恭木恢水恒水恰金恪火
恬火息金恕金扇金按土

持金拯火拳金拾金指火
拿火拱木料火旅火旁水
晃水時金晉火書金曹金
校金朕水朔金桌火格木
桓水桔火桂木桑金根木
栽金案土桃火桐火株火
殊金殷土氣金活水洽金
派水洪水洞火流火洛火
洩金烏土烘水酒火烝火
烈火酒火特火珊金玲火
珀水珍火珈火畔水畝水
真火眠水矩火破水砲水
祐土祠金神金洋土祝火
祕水祖金秦金秩火秤金
租火秘水秧土窈土站火

粉水級火索金紡水紙火
納火素金紋土紗金紓金
紐火純金缺金翁土者火
耘土耕木耿木育土股木
肩火肯木肺水肥水航水
般水芽土芬水芳水芙水
芝火花水芩金芸土虔金
晏土袁土訖金訕金記火
訓金討火託火貢木財金
起金軒金酌火配水酒火
針火釘火釜水閃金隻火
馬水骨木高木鬼木挑火
效金迅金乘金效金烟土
倩金個木倚土倆火倖金
借火候水倒火值火俱火

修金倉金倪火倍水俯水
倘火倫火益土倖水們水
兼火剛木原土哮金員土
哥木唐火哲火圃水城金
埋水埃土夏金娥土娘火
娩水娌火娛土娟火娜火
孫金宴土家火宮木宰金
容金射金展火峨土峽金
峻火峯水紡水肪水者火
殷土兼火准火涵水凌火
凍火剖水剛木洲火剩金
厝金叟金套火奚金爹火
特火留火畜金畔水

## 十一畫之部

乾金偏水偉土偕火做金
假火偶土健火停火偵火
凰水偏水毫水剪火動火
務土翊火區金卿金參金
售金唯土唸火啞土啟金
商金唱金問土國木基火
堅火堂火培水埤水堆火
堂火域土執火娶金婉土
婧金火婚水婆水婦水寇木
寅土寄火宿金密水寂火
尉土專火彬水御土彪水
崇金崑木崎金崔金崙火
崧金常金帳火帷土帶火
庸土康木強金張火從金
得火悄金悟土患水悠土

悅土教火救火敖土敘金
敏水斌水斜金曼水旋金
晚土晨金晟金族金偏水
朗火望土條火械火梧土
梓金條火梁火梯火械火
梅水梨火毫水海水浙火
浩水消金浪火浮水浴土
涉金焉土烽水爽金牽金
娖金犀金率金珠火班水
珮水瓶水產金畢水略火
皎火眷火眾火眼土盒水
研土祥金移土窕火竟火
章火第火符水粗金粒火
紘金紳金紙火細金紫金
終火累火組金紹金婧金

羞金習金邦水邢金邨金
胃土聊火翊土胡水胎火
背水胆火胞水胖水舷金
舶水舵火船金范水苑土
英土茄金茅水若金苗水
茂水苦木茁火苓火處金
術金袍水袖金被水袋火
袈火規木覓水許金詒土
設金訪水訟金訣火貨水
責金貫木販水赦金返水
近火迎土野土釣火閉水
雀金雪金頃金頂火魚土
鳥火鹿火麥水麻水將火
彩金那火邦水庶火壺水
常金夠木孰金戚金振火

挺火挽土捉火捐火捕水
甜火票水祭火趾火野土
釣火釦木啡水

## 十二畫之部

割木創金勞水博水幾火
廂金弑金虛金蛟火象金
植火栗火堪木堵火堯土
堉金場金堤火堡水報水
富水寒水尋金奠火屠火
尊金嵐火嵋水帽水幃土
幅水幄土幀火幫水弼水
復水彭水循金徨水徧水
悲水情金惇火惠水惟土
悼火扉水捧水掌火掘火

| | | | | |
|---|---|---|---|---|
| 捨金 | 捲火 | 捷火 | 捺火 | 掀金 |
| 排水 | 掏火 | 掎火 | 掛木 | 採金 |
| 推火 | 措金 | 捨金 | 探火 | 接火 |
| 掩土 | 掬火 | 授金 | 敝水 | 敢木 |
| 散金 | 敦火 | 斐水 | 斑水 | 斯金 |
| 晴金 | 景火 | 晰金 | 智火 | 晾火 |
| 酣水 | 普水 | 晶火 | 曾金 | 最金 |
| 替火 | 朝金火 | 期金 | 棉水 | 棋金 |
| 棒水 | 棹火 | 椒火 | 椅土 | 棚水 |
| 棋火 | 棠火 | 棘火 | 棧火 | 棗金 |
| 欽金 | 款木 | 斯金 | 殖火 | 殼木 |
| 涯土 | 液土 | 淵土 | 涵水 | 淳金 |
| 涼火 | 浙金 | 淘火 | 清金 | 混水 |
| 淼水 | 淋火 | 淑金 | 淮水 | 添火 |
| 淡水 | 淝水 | 淨火 | 淦木 | 深金 |

| | | | | |
|---|---|---|---|---|
| 淺金 | 焜木 | 焙水 | 無土 | 焰土 |
| 然金 | 焦火 | 為土 | 牌水 | 猛水 |
| 犂火 | 犇水 | 猜金 | 猗土 | 琇金 |
| 琉火 | 理火 | 球金 | 現金 | 甥金 |
| 畫水 | 番水 | 異土 | 疏金 | 登火 |
| 發火 | 皓水 | 盛金 | 短火 | 硬土 |
| 硝金 | 硯土 | 稀金 | 稅金 | 程金 |
| 稍金 | 窖火 | 窗金 | 竣火 | 童火 |
| 筋火 | 筐木 | 筆水 | 策金 | 答火 |
| 筒火 | 筍金 | 等火 | 粵土 | 粥火 |
| 粧火 | 結火 | 絜金 | 給木 | 絨金 |
| 絲金 | 統火 | 絮金 | 翔金 | 胸金 |
| 脈水 | 脂火 | 能火 | 脊火 | 胴火 |
| 舒金 | 舜金 | 草金 | 荒水 | 荐火 |
| 萬火 | 茗水 | 荔火 | 淞金 | 茱火 |

| | | | | |
|---|---|---|---|---|
| 茲金 | 茯水 | 荏金 | 茵土 | 茸金 |
| 街火 | 裁金 | 視金 | 註火 | 診火 |
| 証火 | 訴金 | 評水 | 詞金 | 象金 |
| 詔火 | 貂火 | 賀水 | 費水 | 買水 |
| 貴木 | 貶火 | 貼火 | 貿水 | 賀水 |
| 屠火 | 買水 | 貸火 | 越土 | 趁金 |
| 超金 | 軫火 | 軻木 | 軼土 | 辜木 |
| 迢火 | 迪火 | 迦火 | 迫水 | 邯水 |
| 量火 | 邵金 | 邱金 | 鈞火 | 鈕火 |
| 鈞木 | 鈔金 | 開木 | 閒金 | 閑金 |
| 間火 | 閔水 | 閏金 | 防水 | 阮土 |
| 阪水 | 雁土 | 雄金 | 集火 | 雇木 |
| 雅土 | 寓土 | 雲土 | 雯土 | 順金 |
| 須金 | 項金 | 馮水 | 黃水 | 傑火 |
| 備水 | 傅水 | 傍水 | 傘金 | 凱木 |

剩金勝金勞火博水喜金
喬金善金單火茹金婷火
媒水媚水媢金茱火媛土
黑水喉水喋火喝水圍土
喻土

## 十三畫之部

暐土催金傷金傾金傳金火
庸土慟火僅火勤金勢金
幕水匯水鼓木嗣金園土
圓土塗火塔火塘火塑金
塞金塊木奧土嵩金幹木
廈金廊火廉火彙水微土
愛土感木愚土意土惶水
愈土愜金愉土揆木揚土

揮水插金援土提火揉金
握土描水換水敬火斟火
新金暄金會水暇金榆土
楣水業土極火楸金楺金
楷木楊土椰土楓水楠火
楚金歲金殿火湧土湯火
湘金湖水渾水渺水渡火
減火渝土測金渭土港木
渙水湖水游土渴木湊金
湄水煌水煉火煥水照火
煤水煒土爺土煮火熙金
煩水暖火煦金煎火煙土
猷土猶土貓水猪火琴金
琳火琶水琵水琢火琪金
琤火琦金琥水琨木當火

煜土盟水睡金督火睦水
睛火睫金睪木睞火碇火
碑水碗土祺金禁火稟水
祿火禁火禽金稔金稚火
稞木稠金窟木靖火筠土
筮金粲金絹火經火綉金
義土群金羨金聖金聘水
肄土肆金肅金腳火脫火
脛火脣金脩金脫火腑水
舅火荷水荳火莖火莞木土
莒火荻火菈火莫水莊火
荷水莎金莉火莠土號水
虞土蜂水蛾土蜀火裕土
補水裙金裡火裝火解火
詠土詡金詩金詢金詣土

試金 詹火 誇木 詮金 話水
鼎火 鼓木 鼠金 酩水 酪火
該木 詳金 賈火木 資金 跡火
跳火 路火 載金 迷水 送金
追火 逃火 迹火 逅水木 退火
迴水 郜木 郁土 鉛金 鈴火
鉅火 鈴火 鈺土 鉢水 阿土
附水 阻金 陀火 鈷木 雍土
雋火 雌金 電火 雷火 靖火
莓水 頌金 預土 頓火 頒水
飲土 飯水 飪金 馴金 馳金
熙金 暈土 暉水 暖火 暗土
暇金 暄金 會水 椰土 楊土
楨火 蒡土 衙土 解火 路火
跟木 跨木 跪木 跳火 媳金

媽水 嫁火 農火 鼎火 鼓木

## 十四畫之部

逑金 逐火 透火 逗火 通火
聞土 逝金 造金 逢水 連火
速金 這火 逍金 逕火 腎金
甄火 兢火 嘉火 嘗金 團火
圖火 壽金 境火 塾金 塼火
塵金 夢水 獎火 奪火 嫗土
嫣土 嫩金 嫡火 察金 實金
對火 像金 僑金 僚火 僧金
僕水 偽土 僥火 屢火 嶂火
嶄火 嶇金 幕水 廓木 彰火
廖火 愿土 愫金 愧木 慈金
綝火 態火 愾木 犒木 滋金

溫土 源土 滄金 溜火 溝木
溢土 溶金 溺火 溼金 溪金
滅水 滔火 滑水 熊金 爾土
猿土 獄土 獅金 瑞金 瑟金
瑜土 瑛土 瑗土 瑚水 瑝水
瑋土 琿水 瑙火 瑄金 盡火
監火 碩金 碧水 禎火 福水
種火 稱金 窪土 竭火 端火
箇木 箕火 算金 管木 箋火
箏火 箔水 粹金 精火 綢金
綜金 綠火 維土 綱木 綵金
綿水 緊火 綾火 綽金 綸火
綺金 置火 罩火 罪金 翡水
翠金 聚火 聞土 肇火 腎金
腑水 腐水 腔金 臺火 與土

舞土艦火菊火菁火萃金
菓木菜金萌水萍水菱火
菖金菀土菜金菟火華水
菲水菩水菸土萄火蜜水
製火裳金裴水裸火誌火
認金誓金誘土誨水語土
誥木誦金說金誕火誡金
豪水貌水賑火賓水輔水
輕金途火逕火逢水䒳金
逡金造金連火速金這火
透火郢土郡火郎火郝水
酵金酸金銀土銘水銜金
銓金銅火閣木閤水閨木
閥水降火限金陌水需金
韶金領火頗水飼金飾金

飽水魂水魁木鳳水鳴水
鼻水慈金態火搖土損金
旗金暢金榮金榜水構木
槍金槐水榕金歌木齊金
寧火與土兢火熏金匱木

## 十五畫之部

儉火著火罰水署金億土
價火儀土劃水劋火厲火
劇火劍火劉火嬉金嘯金
嘩水增金墜火嬋金墳水
墨水嬉金嬌火寮火寬木
寫金審金層金履火幟火
幣水廠金廢水廣木廚金
廠金廝金廟水彈火影土

徵火徹金德火慰土慷木
慣木慧水慶金慌水慕水
慚金慢水慨木慮火憂土
摑木摧金摘火敵火數金
敷水整火暫火暴水暮水
樁火概木樊水樂土火樓火
標水槽金樟火模水樣土
樞金歐土毅土演土滸水
漢水漁土漆金滿水漫水
滴火漸火滷火滾木漂水
漲火漿火熟金熬土熱金
熠土熨土瑯火瑪水瑩土
瑰木瑤土緣土緩水練火
緯土編水線金締火蒂火
腦火腰土腸金腹水興金

鋪水萬土瑩土落火葆水
葉土著火葛木萩金葵木
董火葡水葶火葦土葫水
萱金蝴水蝶火衝金褚金
褘土複水誰金誼土調火
諄火課木談火諍火請金
諒火論火質火賢金賞金
賜金賣水賦水趣金踐火
輝水輩水輪火逮火週火
嫺金進火逸土逵木部水
郵土郭木醇火醉金銳金
銷金銹金鋁火鋒水鋪水
閱土陛水陞金陝金除金
院土陣火震火霄金霆火
鞍土鞋金頤土養土駕火

駟金駐火魄水鴉土盤水
確金碼水磁金磊火稽火
稻火穀木稷火稿木窮金
前金節火箱金篇水範水
糊水蒂火瞎金瞑水翦火
豎金輟金靠木餅水髮水
鬧火魯火麪水麾水黎火

## 十六畫之部

勳金樺水儒金儘火器金
噴水壇火壁水奮水學金
導火憲金憤水憚火熹金
憧金憐火戰火撰火播水
撮金撞火撥水撫水撲水
撤金整火曉金曆火瞳火

暸火曇火暨火機火橘火
横水橋金樵金橙金橡金
樹金歷火澄金潔火潭火
潤金澎水潮金潘水潛金
燈火燄土燃金燉火燕土
燐火燎火熾金螢土璃火
瑾火璋火璇金璁金磚火
磨水盧火瞞水積火穎土
窺木築火篡金篤火糖火
糕木縣金翰水膏木曉金
蒙水蒔金蒐金蓄木蒸火
融金衡水衛土親金謂土
諸火謁土謀水諜火諳土
諦火諺土諱水諶金諧金
諾火諫火諷水諭土豬火

豫土賴火蹄火輯火輸金
辨水逾土遊土運土遂金
遇土道火達火都火醒金
鋼木錄火錫金錦火錢金
錠火錡金錨水錘金錯金
錩金陸火陶火陵火陪水
陳金陰土陲金霏水霓火
霖火靜火頰火頭火餘土
鴨土鴛土鴦土默水龍火
龜木餐金雕火彊火勳金
翰水腿火臻火購木賽金
賺火靜火駱火蒞火蓉金
蓄金蒲水蒼金蓓水

## 十七畫之部

鴻水優土償金儡火勵火
壕水壎金嬰土嬪水嶼土
嶺火嶽土嬴土彌水幫水
應土憶土懂火憾水懇木
擁土擇金擂火擋火擅金
擔火操金據火撿火擒金
檀火檜木水檢火氈火澤金
澡金激火澳土濃火營土
燭火燦金燧金獨火瞬金
瞭火瞳火璜水璞水璐火
磯火磷火禧金禪金穗金
簇金蓬水糟金糠木縮金
縫水縱金績火繁水總金
縮金聯火聰金聲金膝金
膠火膛火膺水臨火舉火

艱火蓬水蓮火蔗火蔚土
蔣火蔬金蔭土蔡金螺火
蝗火褒水襄金謝金謙金
講火購木輿土遠土遣金
遜金遞火遙土輾火轅土
鄒金鄔土鄉金醜金鍊火
懋水鍍火鍛火鍾火鍵火
闊木隆火陽土隊火隄火
隋金陞火階火雖金隸火
霞金雖金霜金鞠火韓水
館木駿火鮮金黛火點火
蔓水戲金斂火罹火

## 十八畫之部

儲金叢金擱木戴火擬火

擦金 擡火 擠火 檳水 斷火
曙金 櫃木 濮水 濟火 濕金
濛水 濱水 濠水 濤火 爵火
獲水 璧水 環水 礎金 禮火
簡火 簪金 糧火 織金 翻水
翼土 翹金 職火 聶火 蕭金
舊火 蕃水 蕬金 蔽水 蕉火
蕊金 蕙水 蕓土 蟬金 蟲金
謳土 謹火 豐水 轉火 遮火
遲金 遭金 適金 鄙水 醫土
覆水 隔木 雛金 隘土 隕土
雙金 雜金 雞火 顓火 額土
顏土 題火 鵝土 璨金 簫金
繡金 壘火 壙木 鎔金 鎖金
鎮火 鎗金 騎金

## 十九畫之部

勸金 韻土 廬火 擴木 擲火
攀水 璽金 疆火 禱火 穩土
簽金 簿水 簾火 薏土 薦火
薛金 薪金 薇土 蕾火 蘋火
薔火 薄水 繫金 繪水 繩金
繭火 鷹土 膽火 臂水 臆土
臉火 蟹金 蟻土 襖土 襟火
譚火 證火 識金 贈金 贊金
轎火 辭金 遵金 選金 遷金
遺土 遼火 鄭火 鄰火 鄧火
關木 霧土 類火 願土 鯨火
鵬水 鵲金 麗火 麓火 麒金
寵金 龐水 鏡火 離火 瀑水

獸金 璿金 覺火 際火 障火
難火 韻土 麗火 鏡火

## 二十畫之部

薯金 藉火 薩金 藍火 藏金
薰金 嚴土 壤金 孃火 寶水
懸金 懷水 攏火 曦金 瀟金
瀝火 瀚水 瀧火 瀛土 爐火
犧金 瓊金 礦木 競火 籍火
籌金 籃火 繼火 羅火 繽水
耀土 臍金 艦火 覺火 譯土
議土 警火 還水 邁水 鐘火
隣火 露火 飄水 馨金 騰火
黨火 釋金 齡火 麵水 獻金
臏水 朦水 蕢水 薹火 精火

監火羸土避水邀土

## 二十一畫之部

儹金險金儷火櫻土欄火
籐火續金臘火藝土藩水
藥土藕土蠟火護水譽土
躍土轟水辯水邇土鐵火
闢水隨金霸水顧木鶯土
鶴水雞火鐶水鐲火隨金

## 二十二畫之部

響金懿土攝金權金歡水
灌木疊火籠火聽火藻金
藹土蘇金蘆火蘋水襯金
覽火讀火邊水鑑火鑄火

隱土鬚金鰻水龔木鑌水
驍金藺火木

## 二十三畫之部

戀火曬金灑金籤金纖金
蘭火變水鑛木顯金驛土
驗土髓金體火麟火灘火
讌土巖土

## 二十四畫之部

鑫金鷹土鷺火靂火靈火
隴火釀火讓金蠶金臟金
罐木矗金鹼火鹽土

## 二十五畫之部

廳火籬火蠻水觀木鑰土

## 二十六畫之部

釁水酆水鑲金

## 二十七畫之部

灣土讚金邏火矚金

## 二十八畫之部

鑼火纜火鑽金鑾火鑿金

## 二十九畫之部

鸚土豔土驪木
鬱土驪火

大展好書　好書大展
品嘗好書　冠群可期

大展好書　好書大展
品嘗好書　冠群可期